大是文化

允許一切發生的人最好命

命好，只有一個祕訣：
精神不受力，保持能量活下去。
破解十大內耗場景、運用不受力工具，
平常心看世事，鈍感力過生活。

《不強勢的勇氣》暢銷20萬本、
心理專欄作家
何聖君——著

野馬並非死於蝙蝠，而是死於自身的狂怒。面臨精神受力的人如同被蝙蝠叮咬的野馬。

你值得被這個世界溫柔以待，但這首先源於你對自己的溫柔與尊重。

長期高標準，短期低要求。

以平常心看世事，用鈍感力過生活。

不要畏懼陰影，因為它暗示著不遠處有光。

你的情緒是屬於自己的曠野，而不是別人的賽馬場。

目錄

第三章

培養不受力的人生態度

第四章

五種工具，允許一切發生

第五章

人生必備四大支撐系統

推薦序

允許自己鬆一口氣，本身就需要巨大的勇氣

身心科醫師／李旻珊

身為身心科醫師，我每天都與焦慮、壓力、創傷、內耗打交道。個案的困境千姿百態，但往往背後都有個共通點：他們太努力、太用力了。用力的想做一個好員工、好伴侶、好父母、好朋友，卻在一次次的自我懷疑與情緒消耗中，逐漸遠離了「好好活著」這件事。

因此，當我讀到本書時，內心湧起強烈的共鳴與欣慰。這不只是一本心理勵志書，它更像是一場深刻的自我療癒旅程，引導並指點我們理解：生活中為什麼這麼容易面臨精神受力？該怎麼做才能真正讓內心恢復平靜與自由？

作者以「精神受力」這個巧妙的比喻切入此書，用野馬與吸血蝙蝠的故事提醒

我們——真正讓野馬死去的，並非蝙蝠的攻擊，而是源於自身的狂奔與暴怒。多麼貼切的形容！在現代社會中，我們身上那一隻「蝙蝠」可能是工作、關係、家庭、評價，但壓垮我們的，往往是我們對這一切事物的反應與抗拒。

本書從八種常見的精神受力來源——內耗、焦慮、討好、執著、干預、過度反應、抱怨、爭辯，層層剖析我們如何在日常中不自覺的耗損自己，甚至走向心力交瘁，進而引發種種心理問題。其中作者並非只是揭示問題所在，更重要的是，提供了具體、可行的練習與策略，像是情緒減壓練習、解除內耗的SOP，還有從日常生活中就能實踐的思維調整與自我照顧方法。

最讓我欣賞的是，這本書沒有教你應該變得無堅不摧，而是邀請你重新面對自己的脆弱與情緒問題，學會與它們和平共處。不主張壓抑、不催促你振作，反而鼓勵你放下控制、停止討好，允許那些不愉快的事發生。唯有如此，我們才能真正擁有選擇的空間與自我修復的能力。

對我來說，《允許一切發生的人最好命》不只是一本給個案的療癒讀物，更是每一位在人際關係裡感到疲憊、在職場中陷入迷惘、在內心劇場裡打轉的你我，都該放在床頭時時翻閱的貼心提醒。

願這本書成為你心靈的一道光，溫柔而堅定的指引你：「你不需要那麼用力的活著，才能被愛、被接納、被肯定。」因為允許自己鬆一口氣，本身就需要巨大的勇氣。

前言
活出不受力的人生

在廣袤的非洲大草原上，有一種蝙蝠以吸食野馬的血為生。牠們像磁鐵一樣緊緊的附在野馬身上，吸食牠們的鮮血。無論野馬如何狂怒、暴跳、狂奔，都無法擺脫牠們。蝙蝠吸飽血後便離開野馬，但有不少野馬因不堪蝙蝠的折磨最終死去。

然而，當動物學家分析蝙蝠吸食的血量時，發現其實野馬的失血量極少，**真正讓野馬失去活力、甚至丟失性命的，其實是牠自身的暴怒與狂奔。**這就是心理學上著名的「野馬效應」。

人類雖然擁有靈智，能夠理性思考，但行為卻常常被情感左右。每天一睜開眼睛，我們就開始和這個世界互動。發生在我們身邊的種種事件或大或小，有些也如同「嗜血蝙蝠吸附在野馬身上」壓在心頭，讓我們的精神感受到種種壓力。**我在這本書裡，稱呼這種現象為「精神受力」**。

事實上，吸血蝙蝠會用尿液標記位置，第二天晚上，再回到同一個位置，找到野馬身上的開放性傷口，繼續享用牠的大餐，而野馬則又一次陷入無能狂怒之中。

那些讓你感到精神受力的事情，也和吸血蝙蝠一樣侵擾不斷，儘管實際上對你的直接傷害，遠沒有你想像得那麼大。為什麼你就是甩不掉這隻「心中的蝙蝠」？你要如何才能把牠趕走？是的，這就是我寫這本書的意義——讓讀過的人活出不受力的人生。

本書將這樣展開。

第一章，我會和你一起深入探究精神受力的本質，剖析導致精神受力的八大根源，同時也會評估你目前的受力程度。

第二章帶入我們工作與生活中的「十大內耗場景」。在這些場景中，我會和你一起親臨現場，解決包括在意別人的評價、忍不住和別人比較、責任感過強、對失誤耿耿於懷、對未來焦慮、總愛揣測別人的想法、遇到不公平的事情卻敢怒不敢言、職場中被邊緣化、被主管PUA（Pick-up Artist，如今的應用場景、範圍與其含義已不同，目前是指關係中的脅迫控制，一方刻意扭曲事實，以便系統性的支配另一方），以及育兒理念與長輩嚴重衝突等十大難題。

第三章主要探討了「**不內耗、不焦慮、不討好、不執著、不干預、不過度反應、不抱怨、不爭辯**」的八種人生態度。學會如何從日常的煩惱與壓力中抽身，並一起用輕裝上陣的生活哲學，來應對八大蝙蝠。借助實際案例和心理練習，讓你親身體驗如何應用這些即學即用的策略，以逐步減輕精神受力造成的負擔，找回內心的寧靜與平衡。

第四章工具篇，是我親測有效的祕密武器庫，並且毫無保留的向你分享，讓你我一起，站在前人的肩膀上。使用科學和順手的工具，一起擊退蝙蝠。

第五章，我會分享不受力人生的支撐系統，彷彿穿上一套全方位的鎧甲，保護你在精神的曠野上自由馳騁，無懼任何風雨。

心不受力，才有能量！

接下來，就讓我們踏上這趟「精神不受力」之旅，一起喚醒體內本身就具備的能量，變得通透、智慧、強大和舒暢。

第一章

精神受力的本質

1 你的精神為何總是在受力？

我想引用網路上很熱門的一段話作為開篇：「一個人想要一輩子『命好』，有一個祕訣：精神上不受力。」

什麼意思？**任何人無論對你做了什麼事、說了什麼話，或是發生任何事情，你都不太會難受，依然每天投入到自己的生活和事業裡。**從有成就感的細節中，汲取力量和好心情。

一個人但凡精神上受力都「命苦」，因為你總活在別人的眼光裡，總是在為難和內耗自己。

在物理學中，受力是指作用在一個物體上的外力或內力，這些力可以改變物體的運動狀態或引起形變。力是一個向量，具有大小和方向，遵循牛頓運動定律。

例如，當你推動一個箱子，施加給箱子的力可能會使其加速移動，這就是一種外力的作用。在靜態情況下，物體受到的力會形成力的平衡，如作用力與反作用力在垂直方向上的平衡，或靜摩擦力與促發物體滑動的力在水平方向的平衡。物理學中的受力分析通常涉及識別作用在物體上的所有力，包括作用力、摩擦力、反作用力等，並透過公式如 F＝ma（力等於質量乘以加速度）來計算力的大小。

什麼是精神受力

而在本書的語境中，精神受力則是一種比喻性的表達，用來描述個體在心理層面所承受的壓力或負擔。正如物理受力可以改變物體的狀態，精神受力則會影響個體的心理狀態和行為表現。精神受力可以來自於生活中的各種挑戰和壓力來源，如工作壓力、人際關係衝突、親密關係、親子關係、健康問題、人生變故等。

與物理學不同，精神受力的大小和方向並不易於量化，但它確實影響著個體的心理健康和生活品質。因此，雖然精神受力借用物理學術語來比喻，但實際上，它生動的展現了個體在面對壓力和挑戰時的心理過程。

精神受力的八大根源

精神之海的波動，往往源於我們內心的種種受力狀態。就讓我們逐一分析，探求波瀾背後的八大根源。

1. 內耗，內心的自我鬥爭

「言未出，結局已演千百遍；身未動，心中已遇萬重山；行未果，假想苦難愁不展；事已畢，過往仍在腦海懸。」你所有的內耗，就彷彿是一場永不落幕的內心劇場，帷幕落下又升起，主角始終是自己，觀眾亦是你自己。

在這內心世界的舞臺上，每一句未出口的話語、未做出的決定都化作千萬種劇情，悲喜交加、輪番上演。你在心中預設了所有的掌聲與噓聲，卻忘了真正的舞臺在那未曾涉足的外界，而非這方寸之間的自我圍城。

每一次的猶豫不決，都是對自我能量的無聲消耗。

當你準備向主管彙報一件事情前，腦海裡可能會閃過各式各樣負面的念頭：擔心主管質疑你的想法、害怕自己的表達不夠清晰、憂慮彙報的內容會被同事嘲笑，又或是擔心自己的建議不會被採納。這些擔憂不斷的在心中迴響，讓你在行動之前就已經陷入自我懷疑的漩渦。

這種內心的鬥爭，不僅消耗了你的精力，還可能讓你在準備彙報的過程中分心，進而影響工作的品質和效率。

即便最終完成準備，也可能仍然陷入在那些假設的負面情境中，無法完全放鬆下來整理思路；或者你在彙報之後，還在反覆思考是否有更好的表述方式、應該採取不同的策略。

這種內耗不僅局限於工作場合，也同樣存在於生活中的各方面。例如，參加聚會前，你可能會擔心自己的著裝是否得體、會不會說錯話、別人是否會喜歡你等。這些不必要的憂慮，讓你在活動開始之前就已經感到疲憊不堪，而活動結束後，你又會不斷的回想是否有不當之處，而不是享受與人交流的樂趣。

這種內心的自我鬥爭就像一場無盡的戰役，不斷的在你的內心上演，消耗著你寶貴的能量。讓你在做每一個決定之前都倍感壓力，在每一次行動之後又陷入無盡的反思。

2. 焦慮，對未來的「怕」

焦慮如同懸在頭頂的達摩克利斯之劍（按：又稱懸頂之劍，意旨危險即將臨頭或無所不在），讓你對未來充滿了不必要的怕。

人為什麼會焦慮？我們來看一個一針見血的回答：焦慮最本質的原因在於，需求和真實擁有的無法一一匹配，才華支撐不起野心、存款挺不過風險，還有整日抱怨、空想卻無力改變。

你渴望成功、被認可、渴望擁有足夠的安全感，卻常常在快節奏的社會洪流中，發現自己似乎總是慢了一步。

當看到同事考了在職碩士，你也萌生了同樣的念頭，卻沒有充分考慮同事已經做好了詳盡的規畫和準備。相比之下，你僅僅是因為焦慮「必須做點什麼」的怕，驅使你倉促行事。或者，在家庭生活中，也可能因為孩子的教育問題而感到焦慮。看到其他家長替孩子報了各種才藝班和補習班，你怕自己的孩子會落後，於是也盲目跟風，絲毫沒有考慮幼童的興趣和實際需求，最終導致他們在繁重的學習任務中感到疲憊和厭倦。

焦慮，不僅影響決策品質、消耗大量的精力和時間，還讓你在追求目標的過程中變得迷茫和感到困惑。

3. 討好，一種失去自我的迎合

有一句話說得好：「對人要好，但不要討好。因為討好所有人，最終受傷的總是自己。」

在生活的畫布中，每個人都是獨特的一縷線，色彩各異、質地不同。但如果你試圖將自己編織進他人的圖案裡，無異於放棄了自己獨有的光彩，這是一種溫柔卻危險的自我犧牲——討好，便是這樣一種複雜的藝術，它以愛與理解為名，卻常常讓人在不知不覺間迷失了自我。

為什麼你不敢直接拒絕別人？為什麼你不敢釋放自己的攻擊性？為什麼明明你討厭別人傳給你六十秒的語音訊息，皺著眉頭猶豫再三，卻還是拿起手機貼著耳朵，忍著聽完別人對你提出的不合理要求，最後在輸入框裡，卑微的打上：好的？

真正的關係不是建立在無底線的妥協與改變之上，而是基於相互之間，真實展現自我後的深刻理解和接納。正如樹木不必為了靠近彼此而扭曲生長，人與人之間的連結也應該是保持各自獨立與完整的基礎上，自然的發生交集。

4. 執著，完美主義的束縛

作家畢淑敏在《女心理師》中曾經寫道：「兒童時期的完美主義傾向將給一個人帶來深重的災難。做一個不完美的孩子需要勇氣，一個不完美的孩子比完美的孩子更勇敢。」

完美主義，有沒有套在你的心上？它始於你對事物無瑕狀態的渴望，卻常常演變成一種苛求，不僅限於學業、工作，乃至日常生活中的每一個細節。

比如你很早就渴望開始寫作，卻擔心自己的作品不夠完美，會被別人嘲笑，於是拖延成了常態。你時常告訴自己：「要麼就不做，要做就要做到最好。」然而，這樣的高標準最終導致的結果往往就是不做。

而做一個不完美的人，意味著要學會在跌倒後爬起，勇於展示自己的瑕疵與不足。這份勇氣，遠勝於那些永遠生活在別人期望陰影下的完美者。

不完美，才最完美。它是成長的痕跡，是嘗試與創新的證明，並同時教會你接受失敗，從錯誤中汲取養分，進而變得更加堅韌與強大。

所以，真正的勇敢，不在於無懈可擊的表現，而是能夠面對自己的脆弱，敢於暴露不足，並在此基礎上不斷超越自我。

5. 干預，控制欲的副作用

德國心理治療師伯特·海靈格（Bert Hellinger）曾說，**幸福的家庭都有一個共同點：「家裡沒有控制欲很強的人。」**

在這句話中隱藏著關於家庭與個人幸福的深刻哲理。控制欲，這個看似微不足道卻威力巨大的情感漩渦，往往在不經意間，侵蝕著家庭的和諧與成員之間的親密關係。

控制欲強的人，總會對未知有莫名的恐懼，或是內心深處有強烈的不安全感，他們試圖透過掌控一切，以獲得一種虛幻的安全感和滿足感。

這種欲望展現在家庭中，可能表現出對孩子未來的過度規畫、對伴侶日常行為的嚴密監督，甚至是對家庭決策的絕對壟斷。強烈的控制欲出現在職場裡，則是對任何不經自己手的事務都不放心，非得親力親為，才肯放過他人和自己。

對不確定性的恐懼驅使我們試圖掌控一切，無論是對人還是環境。然而，控制欲往往適得其反，不僅增加了心理壓力，讓你的精神之海波瀾四起，還可能破壞人際關係，從而讓你陷入焦慮的惡性循環，導致精神進一步受力。

6. 崩潰，過度反應的常態

成年人的崩潰，往往就在一瞬間。這些突發的情緒失控，很可能會讓人做出傷害自己或他人的行為，繼而開啟過度的情緒反應模式。

壓力，本是生物應對環境挑戰而進化出的一種生存機制。適度的壓力能夠激發潛能，幫助我們集中注意力，迅速做出反應。但當生活中的問題如潮水般不斷湧來，超出了個體的承受能力時，情緒反應便可能走向極端，演化成一種過度敏感、易於爆發的狀態。這種情況下，一件微不足道的小事，都可能成為壓垮駱駝的最後一根稻草、觸發一場情緒爆發的海嘯。

比方說，工作中遇到難題無法解決，你心煩意亂，合作方的一個小小失誤也會讓你忍不住大發雷霆；在家裡看到孩子做事拖拖拉拉，就忍不住大喊大叫等。在這種狀態下，快樂與悲傷、平靜與憤怒之間的界限變得模糊不清。工作中的小挫折，可能引發一場對自我價值的全面質疑；家中的瑣碎爭執，也許轉瞬之間升級為不可調和的矛盾衝突。每一次情緒的過度釋放，都是對心理能量的一次巨大消耗，留下的是更深的疲憊與自我懷疑。

7. 抱怨，消極情緒的循環

經常掛在嘴邊的話，可能就是你的信念和人生。

抱怨，如同一場悄無聲息卻又極具傳染力的流感，將消極情緒的種子撒播在心靈的每一個角落。它始於你對不滿現實的直接抒發，卻往往在不知不覺間，將你困於一個自我強化的消極循環之中。在循環裡，每一次的抱怨不僅未能消解原有的不滿，反而像回聲一般，在內心深處激盪起更多的負面情緒，最終形成一個難以逃脫的漩渦。

抱怨的初始，往往是對現狀的不接納和期待落空的失望。工作中的不公平、人際關係的摩擦，甚至是天氣的陰鬱，都可能成為你抱怨的導火線。你透過言語的宣洩試圖尋找共鳴，減輕內心的負擔。然而，當抱怨成為一種習慣，便會開始改變你的視角，讓你的雙眼只聚焦於世界的陰暗面，忽視了陽光下的美好。

長期的抱怨還會重塑你的心態與行為模式，削弱你解決問題的能力，使你傾向於逃避而非面對挑戰，漸漸的，你在心理上依賴於這種被動的發洩方式，而非積極尋求改變。這種心態的固化，不僅限制了個人成長的空間，還影響到你與他人的關係品質，導致人際關係的緊張和疏遠。

抱怨不是辦法。要知道，你只能與「現有」的世界合作，而不是與你「想要」的世界合作。

8. 爭辯，無休止的戰爭

《道德經》裡有一句話：「信言不美，美言不信。善者不辯，辯者不善。」

爭辯，作為思想碰撞的火花，原是推動知識進步和社會發展的動力之一。但是，當爭辯演變為無休止的對抗時，它就成了一種消耗，不僅消耗著參與者的時間與精力，更消磨了彼此的尊重與理解。在這樣的對抗中，人們往往執著於證明自己的觀點正確，而忘記了交流的初衷，是增進共識、促進理解。

「信言不美，美言不信」意味著真實而質樸的言語或許不那麼悅耳動聽，而那些過於華麗、修飾過度的言辭，往往掩蓋了事實的真相。在爭辯中，我們常常可以看到，為了說服對方，雙方不惜使用各種修辭技巧，使得討論偏離了問題的核心，變成語言技巧的較量。這種美言的堆砌，反而讓真誠的交流變得困難重重。

「善者不辯，辯者不善」則進一步揭示了爭辯背後的道德考量。真正的善良之人，並不熱衷於無休止的辯論，他們更傾向於以行動展示其理念，以包容和理解的態度影響他人。相反的，那些沉迷於爭辯、總是試圖壓倒對方的人，往往忽略了對話的真正價值——透過相互傾聽與學習，達到心靈的共鳴與智慧的分享。不論對方才智如何，你都不可能透過爭辯改變他的想法。在無休止的對抗中，即便贏得了辯論，也可能失去了人心。

不受力的思考

「不是風動，不是旛動，仁者心動。」這不僅是禪宗的哲學，也是心靈世界的真實寫照。外在世界的影響固然存在，但決定內心是否平靜的，終究是我們如何看待這一切的動與靜，如何在紛擾中找到那份不動如山的安寧。理解精神受力的根源，便能更接近掌握自我，於世事變幻中，尋得一片不驚不擾的平靜。

2 受力不會變動力，只會變病例

「欲戴皇冠，必先承其重。」、「故天將降大任於是人也，必先苦其心志，勞其筋骨，餓其體膚。」這些流傳千古的箴言，或許曾在你心中激起豪情壯志，讓你相信唯有歷經磨難，方能成就非凡。

不過，我們往往誤讀了「承重」的真正含義，錯將無休止的自我施壓視為必經之路。你可能不知道，精神的重負並不等同於成長的催化劑，過度的受力非但無法造就堅強，反而可能成為壓垮駱駝的最後一根稻草。受力不會變成動力，只會變成「病例」。

八大根源造成的長期受力，引發的五大心理問題不可忽視。

心理問題一：心力交瘁

大量的內耗和焦慮會讓一個人變得心力交瘁。這主要展現在三個方面：

一、持續的憂慮與緊張

長期面臨受力的人，內心常常被一種難以名狀的憂慮籠罩，對未來可能出現的問題過度擔心，即便當下並無實際威脅，這種緊張感也難以消散。日常生活中微小的變化或不確定性都能引起強烈的不安，導致持續的心神不寧和緊張狀態——過往難釋，當下紛雜，未來糾結。這也是很多心力交瘁者的真實寫照。

二、顯著的生理反應

心力交瘁不僅僅是一種心理狀態，還會引發一系列生理反應。譬如，經常性的心跳加速、出汗、手抖、胃部不適、睡眠障礙等。多年前，我曾有一段時間，每天半夜兩、三點都會準時醒來，有時醒來後就再也無法入眠，直接導致第二天精神渙散。同時，這些身體上的不適會進一步加劇心理負擔，形成一個惡性循環，讓人感覺身心俱疲。

三、出現迴避行為

為了減輕內心的不安，許多人開始迴避可能會觸發焦慮的情境或活動，比如社交迴避、拒絕承擔新的工作專案等。此行為雖然短期內可能帶來暫時的緩解，但從長期來看，它限制了個人的發展空間，影響社交、職業乃至個人興趣的追求。

心理問題二：討好型人格

越是乞求，越是被推開，越不會被愛。這是一個負面循環。

由於你過度尋求認可，很可能導致過分在意他人的看法和評價，總是試圖透過迎合他人的期望，來獲得認可和接納。即使這意味著需要違背自己的意願或犧牲個人利益，你也願意默默承受，只為求得外界的一絲讚許。

與此同時，討好型人格的你，經常很難界定自己與他人的邊界。頻繁的說「是」，卻在想要拒絕時說不出口，內心的抗拒和說不出口的拒絕形成巨大的矛盾。害怕引起衝突、害怕失去他人的喜愛。這種模糊的邊界意識會導致你的精力和情感被不斷透支，長期下去，你只會感到疲憊不堪且缺乏自我認同。

自我犧牲與壓抑。在討好行為的背後，是對自我需求的長期壓抑和忽視。你可能不記得上一次真正為了自己做出決定，是什麼時候。因為你已經習慣幸福感和成就感都來源於外部回饋，而非內心的滿足。這種長期的自我犧牲，不僅會積累大量未解決的情緒問題，還可能引發嚴重的自我價值感缺失。

心理問題三：拖延症

由於完美主義傾向根植在你的內心深處，這種類型的精神受力會讓拖延症成為一種看似是自我保護，實則為自我消耗的行為模式。

在這種行為模式中，你會害怕開始或完成任務，擔心結果無法達到內心的高標準。這種對失敗的恐懼，成為拖延的溫床，寧願什麼也不做，也不願面對可能達不到預期的現實。

透過拖延任務，的確可以獲得片刻的輕鬆感，但實際上這種逃避只是暫時的，且會因任務累積而加重心理負擔，形成另一種形式的自我懲罰。

在這樣的精神受力下，決策能力也可能受損，面對需要抉擇的任務時感到不知所措，難以邁出第一步。你總想讓別人替你做決定，或者期待某個外部因素能奇跡般的解決問題，但這種期望無異於空中樓閣。久而久之，等待完美時機或需要更多準備的心態，會侵蝕你的主動性和創造力，讓你在生活的洪流中隨波逐流，失去了掌舵的方向。

這種決策癱瘓狀態，不僅延緩了任務的完成，隨之而來的強烈自我責備和負罪感，還會進一步減少自信心和動力，為下一輪拖延埋下伏筆。

長此以往，你將在自我批評與拖延之間來回擺盪，心理負擔日益加重。

心理問題四：向外求，向後看

當事情不順心時，如果發現自己老是想控制一切、動不動就發火，一直抱怨或者跟人爭論不休，其實就陷入了「向外求，向後看」的心理陷阱。

此時，或許你的心裡明明有個聲音說，遇到坎要「向內求，向前看」，透過自我反省，積極的看向未來。但由於長期精神受力，心理能量早已無以為繼。

比如，有些人對身邊人表現出強烈的控制欲，但這只是表象，它的底層邏輯其實是內心安全感的不足。為了對抗內心的不確定性和不安，一些人會本能的希望以控制周遭環境和他人，試圖穩定自己的情緒。這種控制欲最終不僅會影響人際關係，還可能導致他人的反感和逃避，加劇個人的孤立感。

過度反應也是同樣的道理。面對日常生活中的小挫折或挑戰，受力者可能會表現出過度的敏感或易怒，即便是一些微不足道的事情也能觸發激烈的種種反應。這種過度的敏感不僅傷害了自身，同樣讓周圍人感到無所適從，徒增人際關係、親密關係或親子關係的緊張感。

在遭遇長期的精神受力之下，很多人會傾向於習慣性的抱怨現狀，將問題歸咎於外界因素，以此作為釋放內心不滿的出口。同時，爭辯也成為一種防禦機制，以此證明自己的正確性和價值，即便在非必要的場合也堅持己見，這不但消耗自身能量，身旁的人也會下意識的選擇遠離你。

心理問題五：習得性無助

長期受力的最後一個，也是最致命的一個心理問題是：習得性無助（Learned helplessness）。也被稱為讓人一事無成的魔鬼，究竟什麼是習得性無助？

一九六七年，美國心理學家馬丁・塞利格曼（Martin Seligman）對狗進行過一個實驗。實驗人員把狗關進籠子裡，只要蜂鳴器一響，就施以電擊。而狗在籠子裡躲避不了，只能發出呻吟。這個實驗進行多次後，實驗人員發現，只要蜂鳴器一響，哪怕籠子的門是開著的，狗不但不逃跑，反而匍匐在地上，等待著電擊的到來，默默承受痛苦。

一九七四年，塞利格曼又以大學生為受試者，把電擊換成了噪音。這次，實驗人員把大學生分為三組。

第一組大學生只能默默忍受噪音，無論怎樣努力都無法關閉噪音。第二組大學生也會聽到噪音，但只要按裝置上的按鈕四次就可以關閉噪音。第三組為對照組，完全不受噪音影響。

之後，實驗人員又安排三組大學生進行了「穿梭箱實驗」——三組大學生全都能聽到噪音，並得到一個帶操作杆的箱子。結果發現，後兩組大學生很快就學會了操作箱子裝置來關閉噪音，而第一組大學生甚至都沒有嘗試研究箱子，只選擇默默忍受噪音汙染。

塞利格曼提出，習得性無助會讓深陷其中的人有三種缺陷：動機缺陷、認知缺陷和情緒缺陷。

動機缺陷是指受試者對擺脫消極情境的潛在方法缺乏反應；認知缺陷是指受試者認為自身環境無法控制；情緒缺陷是指當受試者處於他認為無法控制的消極情境時，出現的憂鬱狀態。

這一實驗證實了習得性無助的存在。特指一個人在經歷了重大挫折後，面對問題時會產生一種無能為力的心態。哪怕可以主動逃避痛苦、明明依靠行動就可以解決問題，也會由於無助、憂鬱或者自我評價低下而選擇躺平，寧可承受痛苦，也不做任何改變。

當一個人長期遭受精神受力之下，並持續經歷挑戰或困境時，這種做什麼都沒用的習得性無助狀態，便會悄然出現。

面對一個挑戰，你會選擇不戰而退嗎？看不清未來，你會不由自主的產生消極預期嗎？面對生活、工作和學習，你會感到動力喪失嗎？

人一旦陷入了習得性無助，不僅會在心理上直接宣告投降，更像是經歷了一場心靈的冬眠，凍結了生機與希望。所以，受力不會變成動力，只會變成「病例」。

不受力的思考

每一個挑戰的背後，都有光明的出口；每一道難題，也都藏著解脫的祕徑。面臨八大精神受力的根源，我們並不缺策略。所以，請和我一起，在精神的泥濘中步步為營，從受力的束縛中抽離，重獲心靈的清澈。

3 測一測，你現在的受力值是多少

現在，已經知道了精神受力會造成嚴重的後果。那麼，你目前的精神受力值到底是多少呢？這一節，我們就從精神受力的八大根源出發，利用自我測驗，看看這些典型特徵，你符合幾項、現在的受力值是多少？

精神受力的典型特徵

左頁的場景是日常生活中可能會遇到的四十種情況，試想自己處於所描述的場景中可能發生的反應，請你以該反應是否會發生在自己身上為依據，對它們評分，1＝非常不符合，2＝不太符合，3＝有些符合，4＝符合，5＝非常符合。

1. 在工作中遇到了一個難題，團隊中意見不一。
你會想：我要趕緊找到一個讓大家都能滿意的解決方案。

2. 你計畫好週末獨自去圖書館學習一整天，早晨醒來發現外面下起了大雨。
你會想：這樣的天氣可能會影響我的出行，今天的學習效率恐怕會很差。

3. 家庭聚餐時，你負責安排菜單，但你的配偶提出做一道你不擅長的料理。
你會想：說服他／她選擇一個我更熟悉的料理，以免影響聚餐品質。

4. 在公司會議上，你有一個想法與多數人意見不同。
你會想：即便我的看法可能更有價值，也最好保持沉默，避免引起爭議。

5. 在工作會議上，主管對你近期的工作成果提出了一些批評。
你會想：我要立刻解釋清楚，每個細節都有其特殊原因，不能讓主管誤解我的努力和成果。

6. 早上醒來，你發現窗外在下雨。
你會想：這天氣真是太糟糕了，又溼又冷，出門會有多不方便。

（接下頁）

7. 在一次團隊會議上，你的觀點遭到質疑。
你會想：必須立即列舉更多事實和例證，來證明我是對的。

8. 你在公車站等車，等了半個小時車還沒有來。
你會想：這公車系統也太不可靠了，每次都讓人等這麼久。

9. 朋友提議去一家你其實不太喜歡的餐廳共進晚餐。
你會想：只要他們高興就好，我可以忍受一次不喜歡的食物。

10. 在一次自駕遊中，朋友們提議走風景優美的小路，雖然比高速公路還要耗時。
你會想：堅持走高速公路，確保按時到達目的地更加重要。

11. 你在一條狹窄小路上開車，前方車輛行駛緩慢。
你會想：這個人開得太慢了，我必須超車，不然會耽誤我很多時間。

12. 家庭聚餐時，關於健康飲食的話題引發了分歧。
你會想：透過分享科學依據，強調我的飲食觀念是正確的。

（接下頁）

13. 工作日的早晨，手機鬧鐘沒有響，你醒來時發現已經比平時晚了半小時。
你會想：今天肯定會遲到，老闆和同事會怎麼想我？這會影響我的工作評價嗎？

14. 工作中，主管安排了一個超出你能力範圍的任務。
你會想：無論如何都要完成，絕對不能表現出自己做不到。

15. 在一個團隊專案中，你明明有更好的方案，但主管提出了另一種策略。
你會想：還是按照主管說的做吧，以免顯得我太自以為是。

16. 團隊專案即將截止，一名組員的工作進度落後。
你會想：親自介入，幫助他規畫時間表，確保任務按時完成。

17. 當你準備提交一份工作報告前，你發現有一個標點位置不對。
你會想：必須重新檢查全文，哪怕加班也要確保工作報告完美無缺。

18. 你和朋友約好見面，對方遲到了 20 分鐘。
你會想：總是這樣，一點時間觀念都沒有，讓人白白等待。

（接下頁）

19. 在社群媒體上你看到一篇與自己觀點相左的文章。
你會想：留言反駁，指出文章中的邏輯漏洞。

20. 你被邀請參加一個需要發言的小型研討會，距離會議開始只剩幾天時間。
你會想：我還沒有準備好演講稿，萬一講不好怎麼辦？大家會不會覺得我不專業？

21. 聚會上，有人開了一個你覺得有點冒犯的玩笑。
你會想：笑一笑算了，何必掃大家的興呢。

22. 為朋友的生日派對布置現場時，你注意到一條彩帶稍微歪斜。
你會想：這條彩帶如果不調整，整個裝飾效果就會大打折扣，我必須重新貼好。

23. 孩子的學校作業需要家長輔導，但孩子的解題方法與你所學的不同。
你會想：引導孩子採用你認為更好的方法，即便老師已認可他的解題方法。

24. 早晨起來你發現臉上長了一顆青春痘。
你會想：這太影響形象了，我要立刻找辦法遮蓋或治療，不能讓它影響一天的心情。

25. 朋友提出一個關於社會現象，但你不太認同的解讀。
你會想：透過辯論，展示我的觀點更全面深入。

（接下頁）

26. 你與朋友相約健身，但身體狀態不佳。
你會想：還是要去，不能讓朋友覺得我不守信用。

27. 你和朋友約好一起去看電影，但臨時得知一個重要客戶需要緊急溝通。
你會想：如果不處理客戶的問題，可能會影響業務關係；但如果爽約，朋友會怎麼想？

28. 在討論群組中，大家對一個話題熱情高漲，而你對此並沒有太多見解。
你會想：附和幾句，假裝自己也很感興趣，以免顯得不合群。

29. 寫作過程中，你反覆修改一句話的措辭，儘管它已經表達了核心意思。
你會想：只有找到最精準的表達方式，文章才能真正打動讀者。

30. 你休假在家，鄰居卻在裝修，噪音不斷。
你會想：就不能挑個我不在家的時間裝修嗎？這樣怎麼休息啊！

31. 新買的電子設備操作起來不順手。
你會想：我一定要立刻弄明白所有功能，不然這東西就浪費了。

（接下頁）

32. 在健身房，器械區總是人滿為患。
你會想：每次來都是這樣，器材不夠用，鍛鍊身體效率低。

33. 在讀書會討論時，成員對書中角色的評價與你相反。
你會想：透過書中的作證，證明我的解讀更貼近作者的意圖。

34. 你要為你負責的專案選擇合適的資料，但每個選擇似乎都令人不滿意，這導致你無法做出決策，儘管你知道有一定的超期風險。
你會想：算了，先把這事放一放吧，實在找不到合適的資料。

35. 家裡突然停電，影響了你正在進行的工作。
你會想：要盡快找到備用電源或解決方案，不能讓工作進度受影響。

36. 家庭裝修，你對設計師的方案不太滿意。
你會想：主動提出自己的修改意見，確保每個細節符合期望。

37. 你看到新聞說某種食物可能不健康。
你會想：不能再吃了，我要馬上清理冰箱，以後要徹底避免這種食物。

（接下頁）

38. 當你在整理書架時，發現某些書籍的排列順序不夠理想。
你會想：書脊的顏色和高度都應該完美對齊，我需要重新調整。

39. 你家裡的寵物生病了，需要送醫治療，但當天還有幾個重要的會議。
你會想：寵物的健康不能耽誤，但缺席會議又可能會錯失關鍵資訊，兩邊都讓人擔心。

40. 在社群平臺上看到朋友們分享的精彩生活，你開始比較自己的生活狀態。
你會想：我應該更加努力，讓自己的生活看起來也同樣精彩。

精神受力的程度與類型

以上這份典型場景量表的分數結果從四十分到兩百分不等，如果你的分數為四十至八十分，表明你的精神受力程度較低；如果你的分數為八十一至一百二十分，說明你的精神受力程度尚可；如果你的分數為一百二十一至一百六十分，代表你的精神受力程度已經比較高；如果你的分數大於等於一百六十一分，表示你的精神受力程度極高。其分數越高，則越容易受到八大根源影響。

如前文所述，精神受力的八大根源包含內耗、焦慮、討好、執著（完美主義）、干預（控制欲）、過度反應、抱怨、爭辯。

而在第43至第49頁所述的40種場景中，

內耗涉及的場景分別是：1、14、26、35、40；

焦慮涉及的場景分別是：2、13、20、27、39；

討好涉及的場景分別是：4、9、15、21、28；

完美主義涉及的場景分別是：17、22、29、34、38；

控制欲涉及的場景分別是：3、10、16、23、36；
過度反應涉及的場景分別是：5、11、24、31、37；
抱怨涉及的場景分別是：6、8、18、30、32；
爭辯涉及的場景分別是：7、12、19、25、33。

你可以觀察一下自己在哪種根源上的分數高於十六分，說明你在該類型上的精神受力程度相對較高。

第二章

十大內耗場景，讓我活得好累

1 別人的評價？根本沒必要

你收到過來自別人的負面評價嗎？例如異想天開、裝腔作勢、不通人情等，甚至還有更難聽的。在聽到這些負面評價後，內心會有什麼反應？

有些人可能笑一笑就過去了。但有些人會馬上進入精神受力狀態，即便他一遍遍告誡自己這只是別人單方面的觀點，但身體卻很誠實的受到影響，腦海裡不斷浮現這些評價的聲音，原本堅持的觀點發生動搖，嚴重時甚至還會影響睡眠。

哲學家阿圖爾．叔本華（Arthur Schopenhauer）說過：「人性中有一個最特別的弱點，就是在意別人如何看待自己。」我們為什麼會如此在意別人的評價？

在意評價的本質

在意他人評價的現象究其根本，可追根溯源至人類的進化史與社會屬性中。作為高度社會化的物種，人類對群體的歸屬感和他人的認可，懷有本能的渴求，這種渴求源於生存與繁衍的原始驅動力。

在遠古時期，部落的接納不僅是社會身分的象徵，更是生命安全與繁衍後代的保障。反之，被部落排斥意味著失去保護、食物來源和繁衍機會，幾乎等同於宣告死亡的命運。儘管現代社會已非昔日的叢林部落，但我們內心的傳統機制，那份對被接納與認可的渴望，依舊頑強的在我們的基因之中存活。

再進一步深入分析，我們可以將對他人評價的在意，歸納為內心的兩層需求：

第一層需求指向**外部世界，即對歸屬與認同的渴望**。

作為社會性生物，我們內心深處存在著強烈的歸屬感需求。這種歸屬感不僅僅是心理安全感的基石，更是我們身分認同與社會角色定位的關鍵。負面評價的出現，就如同一面鏡子，映射出你對被排斥的深層恐懼，這種恐懼啟動了你對群體接納的敏感度，讓你時刻警醒於自己在社會中的位置。

第二層需求則**來自內心，即對自我價值與自我認同的確認**。

如果繼續深入探討，外部認同最終影響的是對於自己的內部認同。起初，外部世界對你的評價，無論是正面還是負面，都在無形中塑造著你的自我概念。當他人給予你肯定與讚揚時，這些正面回饋如同養分，滋養著你的自尊與自信，鞏固了你對自我價值的認知。同樣，負面的回饋也在塑造你，刺傷你自尊心的同時，引發你的自我懷疑。隨著頻率的提升，你的自我價值與認同開始搖擺，於是你在焦慮與不安中掙扎。

讓我們想像一個情境：如果你已經拿到了豐碩的結果，成為某領域內德高望重的人士，聲名顯赫、成果斐然。此刻，若有一絲微弱的批評聲試圖闖入你的世界，你是否還會感到精神受力？或是那份曾經令你忐忑不安的力量，如今是否已變得微不足道，如同輕風拂過水面，未能激起半點漣漪？

為什麼會這樣？因為此時此刻，你已經有足夠的成就確認自己的價值，這讓你擁有了強大的內在，不僅能夠幫助你抵禦外界的衝擊，更能賦予你的內心以不屈不撓的精神力量，使你在風雨中屹立不倒。當你擁有了這樣的內在後，外界的評價無論褒貶，都將被置於恰當的位置，成為你成長旅途中的風景，而非羈絆。

然而，問題的核心浮現於眼前：在初踏征程之時，面對種種評價，尤其是那些看似尖銳的負面回饋，我們應如何保持內心的平靜，持續前行，直至鑄造堅固的內在呢？

三種策略，對抗評價

既然評價是由外而內影響我們，那麼我們也要順應人性，由外而內讓自己更容易對抗外部評價。

策略一：構建正向的支援網絡

首先，你可以設法尋找積極的傾聽者，與他們主動的分享，比如你親密的朋友或家人，他們足夠了解你，能夠提供無條件的支持和安慰。當你遇到困難或負面評價時，可以向他們傾訴，他們的理解和支持能幫助你減輕壓力。

另外，你可以找到你的支援團體，找到那些與你有相似經歷的人。在這個團體裡，你可以分享自己的感受，獲得他人的共鳴和支持。這不僅能為你提供情感上的慰藉，還能幫你找到應對負面評價的具體方法。

其次，你還可以設法建立健康的社交圈。什麼是健康的社交圈？其實只需要滿足以下兩點即可：

- 第一點，減少負能量。特別注意遠離那些會帶給你負面影響的人。如果有人總是批評你或讓你感到不快，考慮減少與他們的接觸。
- 第二點，擴大社交圈。參加一些有趣的興趣團體，如讀書會、演講俱樂部等線下活動，或者參與志工服務。這些活動能幫助你結識更多志同道合的夥伴，給你注入大量的心理能量。

事實上，在網際網路的時代裡，想要找到這群同行者已不再困難。只需支付少許費用，你就能加入各類以興趣為導向的學習社團，置身在一個正向能量的場域。在這裡你不再孤單，因為有眾多同好與你並肩作戰，你們能為彼此構建起一個堅固的支援網絡。這份歸屬感，不僅讓你在面對外界的質疑與否，都擁有了更多抵禦的勇氣，更是在精神上賦予你無限的智慧與力量。更重要的是，團體內每一次交流與碰撞，都像是冬日裡的暖陽，能悄然驅散你心頭的陰霾，讓你即便身處逆境，也能看見前方的光明與希望。

與志趣相投的夥伴們一同學習，不僅能夠有效對抗惰性的侵襲，更能共同探索認知的新高度。當然，加入這些團體只是第一步，畢竟，建立連結才是目的。你可以在其中仔細傾聽和真誠的分享。簡單的回應是傾聽、高級的回應則是同理心，而分享本身就是一種表達熱愛的方式。當建立了這些連結後，對你而言就會變得更有意義。

透過這些方式，你可以逐步構建起一個充滿正能量和支援的社交網絡。在這個網絡中，你會發現自己更加容易處理負面評價，因為你不再孤單，而是有一群人在背後支持你。

成長的道路從不平坦，沿途難免遭遇風雨與挑戰。有句話說得好：「一個人走得快，一群人走得遠。」當你與一群頻率相同、能夠產生靈魂共鳴的夥伴攜手前行，那份由外而內的歸屬感，將化作一股無形的力量，引領你穿越重重迷霧，讓你心中有光，腳下有路。

策略二：事以密成，語以泄敗

如果你暫時無法加入這樣的學習社團，你要如何保護你的自我認同感呢？答案是：事以密成，語以泄敗。

畢竟生活的真相是，無論怎麼做，都不能讓所有人滿意。所以與其如此，不如設法避免別人來品頭論足，悄悄進行你的祕密計畫。

作家萬維鋼曾在其專欄《精英日課》中，講述了一位非凡人物的故事：華裔數學家張益唐在名聲未顯之時，這位未來的加州大學數學系終身教授為了生計奔波於餐館之間，擔任餐廳會計。然而，生活的重壓並未磨滅他內心的熱忱。在那段艱苦歲月中，張益唐堅守著對數學的執著，下班後就悄悄花時間鑽研。

儘管這些努力並未立即帶來物質回報，但正是這樣持之以恆，終有一天「孿生質數猜想」這一橫亙兩千餘年的數學難題，在他的手中揭開了神祕面紗。

萬維鋼隨後分享，自己早年在投身物理研究時，也在悄悄進行一個祕密計畫，創作一本與物理學毫無關聯的書籍。他形容，白天與夜晚的身分轉換，自己就像一名潛伏的間諜，那種既神祕又刺激的感受，唯有親歷者方能體會。

而我也曾在自己的生活中，找到這份隱祕的激情。當我初次涉獵寫作時，我曾把這份豪情壯志向很多人吐露。但換來的不是鼓勵，而是很多勸我放棄的聲音：「你沒有寫作的天賦。」、「你知道出一本書多難嗎？」、「你就算寫完了，也不會有出版社為你出書。」在這些來自身邊人的評價中，我的心理能量逐漸枯竭，終於放下了筆，而這一放就是七年。幸虧七年之後，在二〇一五年底，我開設了公眾號（按：中國即時通訊軟體微信，主要用於業務推廣的帳號），每天清晨五點至六點，我化身為一名作家，悄悄開啟我的祕密計畫，陷進書寫的世界。

一本又一本完成並出版的書籍，不僅為我的職業生涯開闢了全新的道路，更在心中種下了宏大的願景——一生撰寫五十部作品。這份承諾，猶如一顆種子，在祕密計畫的滋養下，悄然生根發芽。到目前為止，我已寫出十一本書，其中包括兩本十萬多冊的暢銷書。

這三個故事，無論是張益唐的學術奇跡，還是萬維鋼與我個人的祕密計畫，都展現出一個共同的道理：在平凡生活的背後，每個人都可能懷揣著不平凡的夢想。但在最初時，請千萬別對外透露，因為正是你開啟祕密計畫的方式，讓你遮罩了外界的評價與干擾，為你留存下寶貴的心理資源。

策略三：做長期主義者，修建自己的護城河

當你與周圍的人步伐相近，只因某一點微小的優勢而略勝一籌時，似乎每個人都有資格對你品頭論足。他們的聲音，不管是讚美、嫉妒或是不解，如同四面八方的風，時而溫暖、時而刺骨，讓你在前進的路上，不得不側耳傾聽，小心翼翼。然而請想像一下，當你不再僅僅追求那一步之遙的領先，而是決心以夢為馬，策馬奔騰，遠遠超越身邊的人。你，就像夜空中最耀眼的星辰，獨自閃爍在高遠的天際。這時，你猜猜看，那些曾經的評判者會作何反應？

答案很簡單，卻又無比深刻：在你的光芒面前，所有的言語都顯得蒼白無力。他們能做的，唯有舉起雙手為你按讚。因為你已經站在一個新的高度，那裡更多的是讚許與敬佩，而少有雜音。

作家周梅森，這個名字你可能比較陌生，但提到他的代表作，一定如雷貫耳。年輕的他身處煤礦工廠的塵土之中，手中緊握的是筆桿而非鐵鍬。儘管識字不多，但心中卻藏著一顆成為優秀作家的種子，那夢想的光芒，足以照亮漆黑的礦井。

白日裡，他與工友們一同揮灑汗水，在礦井深處挖掘生活的艱辛。夜晚降臨，

當工友們沉浸在牌局與閒談之時，周梅森卻選擇了一條孤獨的道路。在昏黃的煤油燈下，他埋首書卷、手不輟筆，彷彿在與時間賽跑，追逐著那遙不可及的文學夢。

然而，追夢之路從不平坦。工友們起初的好奇，漸漸轉為嘲笑與不屑。「你想當作家？別做夢了。」、「一個挖煤的，妄想成為作家，真是異想天開。」這些尖銳的話語，如同利箭，一次次射向周梅森的心房。尤其是當他滿懷希望投稿，卻屢遭退稿時，工友們更是戲謔的喊道：「稿費（廢）、稿費（廢）。」嘲諷之聲此起彼伏，如同寒風中的冰錐，刺骨而冷酷。面對這一切，周梅森沒有選擇反擊，而是選擇成為一名長期主義者，一磚一瓦的修建自己的護城河。在無數個不眠之夜，他與文字為伴，用心血澆灌著夢想的花朵。

經過多年的深耕細作，周梅森的名字開始在文壇嶄露頭角。二〇一七年，一部名為《人民的名義》的電視劇橫空出世，瞬間引爆話題，而作為原著作者兼編劇的周梅森，也隨之迎來人生的重大轉折。工友可能還是工友，但執行長期主義的周梅森則站在護城河的城牆上，成為萬眾矚目的大作家。

路雖遠，行則將至；事雖難，做則將成。而那些曾經的嘲笑與質疑，如今看來，不過是結果之路上一粒粒微不足道的沙礫。

不受力的思考

在人生的長河中，我們時常會被各種聲音包圍，其中不乏那些試圖定義、限制我們的言論。不要讓別人的懷疑，澆滅你內心的火焰；不要讓外界的雜訊，掩蓋你內心的呼喊。

在具體的行動策略上，構建正向的支援網絡；踐行事以密成，語以泄敗；做長期主義者，用一件件完成的事情組成你自我認同感的基石。

請一定相信：你的價值，不在於別人的評價，而在於你為這個世界帶來了什麼。

2 比較，腦科學與心理學的碰撞

想像這樣一幕：歲末之時，你獲得兩萬元（按：本書提到的幣值，若無特別註明則均為人民幣。全書人民幣兌新臺幣之匯率，皆以臺灣銀行在二〇二五年五月初公告之均價四．一八元為準）的獎金，心裡正洋溢著一份暗暗的喜悅與成就感。然而，緊接著的消息如同冷水澆頭：你發現同事們各自的獎金竟是三萬元。此刻，你的心境或許就像乘坐了一趟情緒的雲霄飛車。

從初時的欣喜若狂，源自對個人努力得到認可的欣慰，以及這筆意外之財可能帶來的種種美好設想。它如同一縷溫暖陽光，照亮了你對未來的期盼；到隨後的猛然墜落，不是因為那兩萬元失去了價值，而是比較的天平在不經意間傾斜，讓你的內心感受到落差與不甘。這種感覺，就像從雲端瞬間跌入地底，四周的空氣似乎都凝結了失望與自我質疑。

比較中的腦科學與心理學

作家朱淩曾說：「將自己的生活陷入在一個不斷與人比較的困境中，是一種痛苦，更是一種悲哀。」可是，我們為什麼總忍不住和別人比較？腦科學與心理學中各有答案。

腦科學認為，在這一情緒起伏的過程中，大腦扮演著關鍵角色。當我們初次獲得獎金消息時，大腦中的獎賞中心，主要是伏隔核（Nucleus Accumbens）區域被啟動，釋放出多巴胺（Dopamine）等神經傳導物質，帶來愉悅感和滿足感。這正是欣喜若狂的生理反應，彷彿大腦在對我們說：「幹得好，這是你應得的獎勵！」

然而，當得知同事的獎金更高的消息後，大腦的反應迅速轉向。於是杏仁核（Amygdala）出場了，這個處理情緒特別是負面情緒，如恐懼、憤怒和悲傷的區域開始活躍起來，同時前額葉皮質（Prefrontal Cortex），負責理性思考和決策的部分，也開始進行價值評估和比較。這種比較不僅基於實際的金錢數額，更關乎地位、公平感和自我價值的認知。此時，大腦可能會釋放壓力激素皮質醇（Cortisol），引發焦慮和不滿，導致猛然墜落的心理體驗。

這一系列複雜的神經活動，揭示了比較心理背後的生物學機制；並說明，儘管比較是人類天性中的一部分，幫助我們在社會群體中定位自己，但它也可能成為一種負擔，干擾我們的情緒平衡和自我評價。心理學又是如何看待「比較」？

心理學對比較行為有著深入的探討，其中最著名的理論之一是社會比較理論（Social Comparison Theory），由美國社會心理學家利昂·費斯廷格（Leon Festinger）提出。

費斯廷格表示，人們有一種基本驅動力，即評估自己的能力和價值，而這種評估往往透過與他人比較來完成。比較可以分為兩種類型：上行比較（與自認為比自己更好的人比較）和下行比較（與自認為不如自己或處境更糟的人比較）。

在上述情境中，你進行了上行比較，將自己的獎金與同事的對比，並感覺自己處於劣勢，這種比較方式容易引發不滿、嫉妒甚至自卑感。心理學研究表明，長期的上行比較會損害個體的心理健康、降低生活滿意度，而適當的下行比較則能提升自尊和幸福感。

擺脫比較焦慮的應對心法

你渴望著同事豐厚的報酬，卻不了解同事為職業生涯犧牲了多少個人時光；你憧憬著摯友的自由職業，卻未曾體會那份伴隨著不確定性的重負；你嚮往名人的璀璨星光，卻忽略了他們因喪失隱私而承受的苦楚與重壓。

心法一：理解，各有各的好，各有各的惱

世間萬般生活，各自承載不易，每一道閃耀的光芒背後，都隱匿著不為人知的陰霾。懂得透視他人輝煌背後的辛勤付出，了解每一份成就皆源自不懈努力，方能使我們更加珍視眼前的擁有，淡化那些並無意義的豔羨與攀比。

第九十二屆奧斯卡金像獎最佳實景短片《鄰居的窗》（*The Neighbor's Window*），引發了眾人心靈深處的共鳴。

一對肩負撫養三個子女重擔的夫婦，日常充斥著辛勞與爭執，疲憊幾乎成為生活的常態。相比之下，對面窗櫺之後，那對戀人的生活宛如童話，充斥著溫馨與浪漫，成了這對夫婦心中既羨又妒的夢幻泡影。

然而，命運突轉，那扇窗後的青年因不治之症溘然長逝。在哀傷的餘燼中，倖存的女子泣不成聲的透露，她所窺見的，恰是這個五口之家的寧靜與滿足，正是她與伴侶曾經渴望卻無法觸及的生活景象。

你可能覺得這個故事離你太遠，沒關係，我們再來看一個離我們近一些的。

一位社群媒體上的人氣創作者曾分享她的故事。面對如潮水般湧來的讚美與羨慕，她坦誠相告：「螢幕前的光鮮，像是高收入、顯赫學歷、光鮮外表，是世人眼中的濾鏡，而真實的自我，藏在了鏡頭之外，不為多數人所見。」

她自揭傷疤，以親身經歷訴說著不為人知的過往：家庭破碎、父親不幸離世，留下的是無依無靠的孤獨與經濟的拮据。在那段黯淡時光裡，光是遺失二十元，就足以令她在寒風中的操場淚流半日。嚴冬時節，她在一家商場門前做禮儀小姐，衣著單薄，面對同事們一同去喝飲料的熱情邀請，她猶豫了。她知道一杯奶茶的價格是自己一天薪水的五分之一。她看著那杯熱騰騰的奶茶，深吸一口氣，並抿著嘴，儘管渴望那份溫暖，但依然堅決的搖了搖頭。

創作者直言，她的時間大多被工作填滿，當她收到粉絲的羨慕之詞時，也會悄悄瀏覽粉絲的頁面，嚮往他們簡單而純粹的快樂，與親朋好友的歡聚、家庭的溫馨，這些平凡的幸福瞬間對她而言，同樣珍貴而遙遠。

最後以深刻的感悟作為分享的結語：「我深信，每一次無意識的比較，都是對自己生活故事的輕視與否定。我們各自走在不同的路上，背負不同的行囊，每一步都算數、每一份經歷都是獨屬於自己的寶貴財富。」

這位創作者的故事，是給所有人的溫柔提醒，正如詩云：「你在橋上看風景，看風景的人正在樓上看你。」或許，你視為平庸的日常，正是他人眼中難以觸及的幸福彼岸。人生大抵便是如此：「久居山林則心向鬧市，身處喧囂又渴望寧靜；食盡膏粱，反覺粗茶淡飯之香。」人心，總是在不同的風景間徘徊，追尋著那份不曾擁有的美好。

心法二：轉化，將「比較焦慮」轉化為成長燃料

既然比較焦慮植根於我們的生物本能，杏仁核的自然反應難以迴避，那麼，與其無謂的抗拒人性，不如巧妙的駕馭這份情緒的能量，使之成為推動自我提升的強勁動力。在與他人上行比較的旅程中，主動挖掘並借鑑那些令人心生敬意的閃光點，讓每一次的比較不再是心靈的負累，而是蛻變的序曲。

通常人們在上行比較時，主要會產生兩種典型的情緒。

第一種，嫉妒，源於對他人成就的強烈渴求，以及未能自我實現的遺憾。面對嫉妒，關鍵在於如何疏導這股能量，不讓它燒毀內心的平和，將其轉變為對自我提升的渴望和對目標的清晰規畫。學會詢問自己：「我真正嫉妒的是什麼？這份情緒背後，我真正想要達成的是何種成就？」透過這樣的自我對話，嫉妒便能成為自我超越的火把，照亮前行的道路。

一旦你明確了內心真正追求的成就，目標隨即變得明朗，而你的上行比較也將自然而然的過渡到欽佩。

第二種，欽佩，這是一種更為積極且建設性的情緒。不同於嫉妒的焦躁與不滿，欽佩源自對他人的真誠認可與尊敬。當你開始深入理解那些，你原本嫉妒的人事物背後所付出的努力、展現出的才華或是堅持的原則時，嫉妒的冰霜將逐漸融化，轉為深深欽佩。這種情緒轉變，代表著你的心態從對抗走向了學習與吸收。

欽佩促使你客觀的看待他人的優點，不再只是羨慕成果，而是欣賞並渴望理解他們成功的方法和路徑。你開始主動尋找他們身上值得學習的品格和技能，比如他們如何高效管理時間、堅持不懈與在逆境中尋找機遇。這樣的比較不再是簡單的數值或成就的堆砌，而是變成自我成長的靈感來源。

透過敬佩，你學會了將比較的視角從「我為何不如他們」轉變為「我如何能夠像他們一樣」，從而開啟自我提升的新篇章。藉此你能開始設定更具挑戰性的目標，且這些目標不再空洞，而是充滿了意義和可行性，因為你已經從仰望的人找到了實踐的榜樣和動力。

上高中的時候，我有一位高姓朋友，那時我的字跡雖達不到雋秀華美，但也算得上工整。然而，某次我驚奇的發現，向來寫字平平的他，字跡間竟然悄然綻放出一種井然有序的美感。一番探詢才知他在過去的幾個月裡默默的下功夫，勤練鋼筆字帖。受此激勵，我趁緊隨而來的悠長暑假，用省下的二十元零用錢買了一本硬筆書法教材，踏上了每日刻意練習的征途。

如今回顧，我深感那個暑期的刻苦訓練是我寶貴的財富，它不僅賜予了我一手漂亮的字跡，更為我的人生鋪墊了一項持久受益的技能。

一旦比較不再是負擔，而成為自我驅動的引擎，你就可能學會如何從他人的成功中吸取養分，同時也保持對自己的誠實和尊重。這種健康的比較態度，能夠讓你在追求卓越的道路上既不失動力、又不失方向，每一步都走得更加堅定和自信。

不受力的思考

你可以選擇不在比較中沉淪，只在比較中成長。

洞悉每個人的旅程都有其不完美之處，你將學會對他人生活憧憬的釋懷；讓每一次因比較激起的心潮，轉變為自我提升的階石，你終會明白，沿途最綺麗的風光，恰好鋪展在不懈攀登的每一步中。

在生命的遠航裡，願你能懷揣這份洞見，將比較的刺叢織成通向自我圓滿的榮耀之冠，任心靈在成長的航道上，綻放出獨一無二的光彩。

3 凡事加了一個太字，就不是什麼好事

凡事加了一個「太」，聽起來就不是什麼好事，例如太認真、太上心。

太認真，往往反映出你肩上承載的重擔與自我要求的嚴苛，這份嚴謹與專注，不經意間構築起一座名為「我執」的城牆。在這座城內，你的眼睛被放大鏡取代，每一個微小細節都逃不過你的審視，隨之而來的是對周遭工作品質的不自覺挑剔，總覺得他人所做的不盡人意，最終，你獨自挑起大梁，淹沒在無盡的任務海洋中，忙碌成了生活的常態。

當談及職場中本應有的福利，如短暫的休假，你卻似乎背負上了莫名的罪惡感，彷彿享受這份權益是種奢侈。在向主管申請休息之前，你已在內心有無數次的預演，生怕這樣的請求會打破你永不言倦的形象。這種狀態，不僅消耗了你的精

力，還模糊了工作與生活的界限，讓心靈的休憩之地變得遙不可及。

太上心，它彷彿一根無形的細線，悄然串聯起你與周遭的情感世界。你對每個人的感受異常敏感，任何微小的情緒波動都可能觸動你的心弦，讓你不由自主的想要安撫、解決，甚至為此耗費大量的私人時間和情感資源。你總是第一個察覺到別人的不適，最後一個放下對他人的擔憂，久而久之，這份過度的關注也會轉變為一種精神受力，讓你在關心他人的同時，忘記了自己也需要被理解和關懷。

在職場中在面對工作回饋時，不論是正面還是負面，你都傾向於過度解讀，一句普通的建議可能在你心中掀起巨浪，使你反覆思量，生怕自己做得不夠好，或是誤會了他人的意圖。這種高度的情感投入，雖然展現了你對工作的熱情和對團隊的忠誠，卻也可能讓你變得異常脆弱，任何風吹草動都能讓你的心情起伏不定，影響了情緒的穩定與工作的效率。

太認真、太上心，心很累怎麼辦？要解決這個問題，我們需要追根溯源，針對本質找到解決方案。事實上，過於認真與上心的背後，主要有三大核心動因：高成就動機、完美主義傾向、缺乏安全感。接下來，就讓我們逐一剖析這些因素如何塑造了你的行為模式，並探討應對之策。

原因一：高成就動機

高成就動機本來是好事，在年少的時候，曾經幫助你一路過關斬將，讓你在學業上取得優異成績、在各種競賽中脫穎而出。尤其在學生時代，這種高成就動機促使你努力學習，為了提高成績，主動參加各種補習班，或者每天花費大量時間複習功課、做練習題。別人玩耍的時候，你在埋頭苦讀；別人休息的時候，你還在挑燈夜戰。最終，你在考試中名列前茅，成了老師和同學眼中的佼佼者。

但隨著年齡增長，這種高成就動機可能會走向極端。你渴望在每一個領域都做到最好，不容許自己有絲毫的懈怠和失誤。比如，在工作中，你不僅要完成任務，還要超越所有人的預期，哪怕為此犧牲大量的休息時間。你對每一個專案都全力以赴，為了一個方案能夠完美呈現，你反覆修改、查閱大量資料、請教多位專家。即使已經達到主管的要求，仍然覺得不夠好，繼續不斷完善。

我的身邊也有這樣的朋友，在一家出版社工作。每次接到新的出版專案，她都給自己設定極高的目標。有一次，為了一個重要作者的圖書出版策劃案，她連續一週每天只睡四、五個小時。並且精心打磨每一個細節，從選題策劃到內容撰寫，再到裝幀設計，都力求做到無可挑剔。雖然最終方案得到客戶的高度認可，但她自己卻因為過度勞累而生病住院。

這樣過度追求成就，雖然可能會在短期內帶來一些顯著的成果，但長期來看，卻會讓自己身心受力，甚至影響工作和生活的平衡。

我們說：「人生不是短跑，而是一場馬拉松，慢慢來，才比較快。」羅馬並非一日造成，保持每天都在往目標的方向邁進，哪怕步伐微小，只要方向無誤，你都可能獲得結果。

以我個人為例，同樣身為一名高成就追求者，儘管現已出版十一本書，其中兩部更突破了十萬冊銷量的里程碑，但我的日常要求卻異常簡單：每日確保落筆五百字就算完成當日目標。區區五百字，不過是我日常半小時輕鬆耕耘的成果，但當靈感的潮水湧來，筆尖便隨思緒翩翩起舞，半小時的輕描淡寫常常演變為一千字乃至兩千字的洋洋灑灑，而這一切的發生，皆在心流的歡歌中自然流淌、毫無勉強，唯有享受。

因此，面對同樣的高成就動機，不妨也選擇細水長流，而非一時的激流湧進。正如我所鍾愛的那句話所述：「流水不爭先，爭的是滔滔不絕；小草不爭高，爭的是生生不息。」在追求卓越的道路上，以持續而穩定的步伐慢慢前行，抵達心之所向，獲得你要的成就時，心生歡喜、身心愉悅。

原因二：完美主義傾向

你內心深處一直懷揣著對完美的強烈追求，無論是對自身的要求，還是對周圍事物的評判，你都設定了極高的標準。這種對完美的執著，源於你對品質和卓越的渴望，期望每一個環節都能達到盡善盡美的境界。

當一件事情未能達到你心目中預先構想的理想狀態時，你內心便會湧起一股強烈的不安和不滿情緒。這種情緒並非源於外界的壓力，而是源自你對自我設定的超高期望未能得到滿足。

這種完美主義傾向在你處理事情的過程中表現得尤為明顯。你會反覆檢查自己的工作成果，哪怕是一個微不足道的小細節，也絕不放過。你不斷修改，哪怕只是一個標點符號使用不當，或者是一行文字的排版不夠美觀，都要重新調整。就好比裝修房子，哪怕只是一個小角落的顏色稍有偏差，與你最初設想的色調有一點點不同，你都會毫不猶豫的選擇重新來過。你會花費大量的時間和精力去尋找最合適的顏料、聘請最專業的工人，只為了讓那個小角落也能符合你心中的完美模樣。

這種完美主義雖然能在一定程度上保證事情的高品質完成，但也讓你陷入了無休止的自我折磨之中，消耗了大量的時間和精力，給自己帶來巨大的壓力。

而化解之道也很簡單，正如投資大師查理・蒙格（Charles Munger）所宣導的簡潔哲學「適度調低預期」。若欲達成長期穩健的複利增長，祕訣在於適度減低你的期望閾值。這並非易事，起初或許會讓你感到不適，但隨著時間的推移，你會發現讓預期貼近現實，能有效避免情緒的過度波動，守護內心的平和，避免過多焦慮與失落。

至於實踐層面，我們不妨參考第三章第四節，面對完美主義的原則：提高總體預期，降低具體預期；長期高標準，短期低要求。在宏觀層面維持雄心壯志，激勵自我不斷向前，而在微觀操作上，則可以細化並調低具體目標，使之更加切實可行。這意味著，既要胸懷星辰大海的遠大夢想，又要腳踏實地，一步一腳印的扎實前行。如此，既不丟失夢想的指引，又能在每一步的實現中收穫滿足與快樂，讓旅途中的每一步都堅實而有意義。

原因三：缺乏安全感

過往的經歷在你的內心深處留下了陰影，讓你缺乏足夠的安全感。這種安全感的缺失，使你在面對生活中的各種事情時，總是處於一種不安和擔憂的狀態。

舉具體的例子來說，你可能在每次出門前，都會不厭其煩的檢查錢包、手機和鑰匙是否安穩的在包內，同時也不忘回頭確認瓦斯閥門是否擰緊，以確保家中安全無虞；在公共場所尋找座位時，更偏愛那些不起眼的角落位置，最好每次都能坐到同一個熟悉的角落，這樣的位置讓你感到格外安心；而到了夜晚就寢，你或許會無意識的蜷縮起身體，彷彿能獲得更多的庇護與安慰，這樣的睡姿成為你每晚不變的習慣。這些行為雖細微，卻深刻反映了你對秩序、安全的內在追求與依賴。

而在工作上，你覺得只有透過對事情的極度認真和上心，才能夠牢牢的掌控局面，從而避免不好的結果發生。在你的潛意識裡，彷彿只有付出更多的努力，才能增加事情朝著理想方向發展的可能性。

又如在人際關係中，你總是小心翼翼的對待每一次交流。你在開口之前，會重複思考自己要說的話是否恰當、是否會引起對方的反感。在與朋友相處時，你時刻關注他們的情緒變化，一旦發現有任何不對勁，就會反思是不是自己哪裡做得不好。你害怕因為自己的疏忽而失去朋友，所以總是盡力迎合他們的需求，哪怕有時候會讓自己感到疲憊和委屈。

不安全感是讓你發展出討好型習慣的原因之一，在與合作夥伴交流時，總是謹小慎微。每一份合約、每一次溝通，你都反覆確認細節，生怕因為自己的失誤而導致合作破裂。總是過度擔憂，害怕因為一點小差錯而失去重要的合作機會，影響自己的職業發展。

這種由於缺乏安全感而導致對事情過度認真和上心，雖然在一定程度上能減少出錯的機率，但也讓自己長期處於高度緊張和焦慮的狀態，無法真正享受生活和工作帶來的樂趣。我接下來要給你介紹的「安心八步法」，值得你認真實踐：

- 第一步：尋找自我認知。認真回顧自己的過往經歷，尤其是那些導致安全感缺失的關鍵事件，將它們寫下來。因為真正的勇士，敢於面對恐懼。
- 第二步：設定現實目標。制訂一些短期內可實現的小目標，目標要具體、可衡量。例如，這週在與人交流時，減少兩次小心翼翼的意識；減少用「您」

來稱呼主管，或者刻意不秒回別人的訊息。透過實現這些小目標，逐步積累自信心。

- 第三步：調整自我對話。每當出現不安和擔憂的情緒時，嘗試用積極的自我對話來取代消極的想法。比如，從「我好像能力不足」轉變為「我已經做好了準備，可以完成工作」。
- 第四步：建立支援系統。定期與能滋養自己的好友交流，分享自己的感受，尋求他們的傾聽、理解和支持。
- 第五步：練習正念冥想。每天花十五至二十分鐘練習深呼吸、冥想或漸進式肌肉鬆弛等放鬆方法。感到緊張時，運用這些技巧來緩解身體的緊張反應。
- 第六步：逐步挑戰自我。從小的冒險開始，比如嘗試新的餐廳、獨自在城市漫遊一天等。每次成功的挑戰都能增強對未知的適應能力和自信心。
- 第七步：記錄你的進步。準備筆記本，記錄自己在克服安全感不足方面的每一個小進步，包括自己的感受和應對方法。定期回顧，以增加自我效能感。
- 第八步：接受不完美。每當感覺精神受力時，告訴自己：允許自己犯錯和有所不足，允許一切發生。

不受力的思考

透過深刻洞察背後的原因，我們學會了如何在剛剛好與過度之間，找到那微妙的平衡點。讓我們帶著這份新領悟，繼續在人生的曠野上自在的前行。不是要放棄對美好的追求，而是學會以更加從容的策略、更加寬廣的心態，去欣賞沿途的風景，享受過程的每一個瞬間。

最好的自己，不是在追求完美的疲憊中勝出，而是在我們能否溫柔的對待自己，勇敢的擁抱每一個不完美的瞬間，活出自己的精彩。

4 心理反芻，對過去耿耿於懷

一位職場上的奮鬥者小A，好不容易爭取到一次晉升機會。由於他是首次應戰，難免緊張。結果在會議時，不慎脫口而出一句話，讓現場的主管立刻皺起了眉頭。事後，他內心深處堅信，正是這句不經意的言辭偏差，成了他通往晉升之路上的絆腳石。自那日起，會議時的每個細節，尤其是那句失言，如同循環播放的影片，在他的腦海中不斷重現。小A無法停止思考，假如當時心境能更加平和、表達更加精準，結局是否就會改寫？

同樣的，公司年終總結會議上，站立在聚光燈下的小B意外遭遇了記憶的空白，那一段本已熟練於心、精心準備的核心論述，竟在關鍵時刻從她的思緒中悄然溜走。儘管她的整體演講依舊贏得了同事們的讚許，可自己卻深陷於「那段忘詞的片段」中無法自拔，認定這次缺失破壞了演講的整體和諧，或許已在主管及同事心中留下了不夠完美的印記。此後的日子裡，她反覆在腦中重播那一刻的情景，陷入於那未曾出口的完美言辭。

還有小C，身為一名頻繁穿梭於國內外的商務精英，他在某次蘊含重大意義的出差前夕，因熬夜整理會議資料直至深夜，不幸翌日清晨睡過頭，錯失了預訂的國際航班。儘管他即刻行動，重新規畫行程並順利趕上了緊要的商務會議，但那次錯過的航班卻深深的刻在他的腦袋裡，彷彿一塊磐石，沉重的壓在他的心上，難以釋懷。不時回想到設置鬧鈴的那個晚上，內心反覆質問自己為何沒有採取更多預防措施？

以上案例中的三位，面對各自經歷中的失誤，均陷入了難以釋懷的心理狀態，無法放過自己，這種現象在心理學上，被稱作「心理反芻」。

什麼是心理反芻

什麼是心理反芻？簡單來說，就是當一個人遇到不愉快的事情後，他會像牛反芻食物那樣，不斷的把那些不開心的經歷，以及這背後的原因和可能引發的後果，在心裡一遍遍的咀嚼和回味。

這就如同俄國作家安東・契訶夫（Anton Chekhov）筆下《小公務員之死》裡的主角，他是一位低級官員，在劇院看戲時不小心向一位高官打了個噴嚏。儘管這位高官最初並未在意，但主人公卻對此耿耿於懷並反覆道歉，擔心這一無心之舉會影響自己的職業生涯。隨著他的擔憂日益加深，主角的健康狀況逐漸惡化，最終因為過度的心理負擔去世。

儘管小說的諷刺略顯誇張，但現實中的確會有不少人，由於生活中的一次挫敗或失誤，就進入了心理反芻狀態。這個過程就像是在心上劃了一道傷口，反芻者時不時觸碰那道傷痕，讓它難以癒合，繼而持續影響著自己的心情和精神狀態。

如果你也曾進入這種心理反芻的狀態，你會發現，自己總是在那些場景中徘徊，似乎有個循環播放的磁帶在腦海中怎麼也關不掉。雖然我們清楚反覆咀嚼負面經歷已無益，但為何仍會深陷心理反芻的漩渦？

其實，心理反芻的根本，在於一種面對不理想現實時，試圖透過不斷思考來尋求掌控感的不接受心態。這種心態與積極的反思、反省截然不同，不僅無法帶來積極的改變，反而會帶來負面的影響。以小A、小B和小C為例，心理反芻對他們造成的危害主要展現在下面三個方面。

首先，**情緒困擾不斷加深**。小A的晉升機會中失誤，讓他陷入了自責與焦慮的深淵，這種情緒的累加不僅會蠶食他日常工作的動力，還潛藏了長期憂鬱的風險；小B雖然演講整體成功，但由於對那次忘詞耿耿於懷，情緒的起伏影響了自我認知，降低了工作熱情；至於小C，對一次航班錯過的過度在意引發了不必要的壓力，加劇了身心的疲憊。

其次，心理反芻還會**耗損自我效能感**。例如小A在反覆的自我質疑中，開始動搖自己的溝通技巧和職業前程的信心，這種自我懷疑成了他面對新挑戰時的絆腳石；小B如果不進行干預調整，則很可能會因為害怕重蹈覆轍，在後續演講中變得過分小心，甚至迴避演講，這實際上是在削弱她在領導力與專業展示方面的自信心；小C在日後的出差準備中，由於過分在意之前的疏忽，也可能導致過度謹慎，繼而影響工作效率和決策的高效性。

最後，則是**認知功能的受阻**。持續的心理反芻會嚴重消耗各自的心理資源、分散他們的注意力，還會讓大腦分泌大量皮質醇這類壓力激素，從而抑制創新思維的發展。倘若三人總是陷入在心理反芻中，就容易過分糾纏於細枝末節，進而忽視宏觀規畫與戰略考慮。

所以，和很多人想像的不一樣，心理反芻非但沒有促進他們從錯誤中吸取教訓、實現成長，反而會束縛他們的個人成長和職業生涯的拓展。

三招脫離困境

如果你也經常對已經發生的失誤耿耿於懷，放不過自己，那麼該怎麼辦？

第一招：心理解離

心理解離是一種有效的心理技巧，它能幫助你以一種超然的態度，將自己從強烈的情緒體驗中抽離出來，以便更清晰、更理性的看待已發生的事件。心理解離不僅僅是一種思維的轉換，更是一種自我同情和自我保護的實踐。

具體要如何踐行解離呢？有三種實踐行動：

實踐行動一：角色扮演

你可以想像自己是一個旁觀者，或是你信賴的朋友、家人，正在傾聽你講述這個經歷。試著用第三人稱來敘述整個事件，比如「她在那次演講中出現了忘詞的情況」，而不是「我忘詞了」。這樣可以幫助你拉開與負面情緒的距離，以更加客觀和中立的角度分析問題。

實踐行動二：讓事實與感受分離

明確區分事實與你的感受。事實是客觀存在的，比如「我在會議中提出的意見未被採納」；而感受則是主觀體驗，如「我覺得自己很失敗」。在紙上分別列出這兩部分，這樣做可以有助於你看清楚哪些是實際情況、哪些是情緒的附加物，從而有針對性的處理。

實踐行動三：仁慈對話

想像一下，如果你的好友經歷了同樣的失誤，你會如何安慰他們？將這些溫暖、鼓勵的話語用來安撫自己。比如「每個人都會犯錯，這次並不代表全部」、

「從這次經歷中學到的，比任何成功都寶貴」。這種自我對話能夠增加自我接納、減輕自我批判。心理解離的目的，是讓你不再被過去的情感漩渦所吞噬，學會以更健康、更富有同情心的方式對待自己。作為一種自我療癒的有效手段，心理解離能幫助你從過去的陰影中走出，邁向更加光明和積極的未來。

第二招：動起來

這裡所說的動起來，借鑑了心理學中的一個重要概念「體化認知」（Embodied Cognition）。體化認知認為，我們的親身體驗和動作影響著認知過程和情緒狀態。簡而言之，身體的活動不僅能夠促進生理上的健康，更能從深層次上，改變我們的心理狀態和思考方式。

因此，採取行動、讓身體動起來，便是緩解由心理反芻帶來負面影響的一劑良方。動起來可以細分為下面三個遞進的層次：

第一個層次，從靜止到活動

當你從靜坐轉變為活動狀態，比如散步、慢跑或進行任何形式的身體運動時，這種物理活動不僅能夠促進血液循環，增加氧氣供應到大腦，還能激發大腦釋放如腦內啡（Endorphins）這樣的自然愉悅物質，有效改善心情，減輕焦慮和憂鬱。

因此，當你深陷心理反芻的困境，嘗試起身動一動，即使是簡單的走動，也能幫助你跳出原有的固化思維。運動時，大腦的注意力會被引導至身體感受和外界環境上，自然而然減少了對負面情緒和過往失誤的過度關注，使得思維更加靈活開放，有助於發現新視角、找到解決問題的新思路，有效緩解心理反芻帶來的負擔。

第二個層次，進入綠地走走

綠色植物具有從生理層面直接提升心情的奇妙功效。它們釋放的芬多精是一種自然的植物殺菌物質，不僅能夠對抗有害微生物，還能有效減輕壓力、提升心情愉悅度，同時促進心臟和腸道系統的健康。因此，在林蔭大道上的悠閒漫步，也被生動的喻為一次「自然的身心SPA」。

置身於綠意盎然的環境中，如公園、溪邊或是住宅區內的綠地，可欣賞到豐富的自然景觀，像是絢爛的花朵、悠揚的鳥鳴和清新的花香，不斷提供新鮮的感官體驗，視覺、聽覺、嗅覺的多重刺激共同作用，拓寬了你的思維視野，使你更容易跳出固有的思維局限。

在這些生機勃勃的綠色空間裡漫步，你會發現心理反芻的陰霾會迅速消散，情緒隨之明媚起來。自然界的這份饋贈，以其獨特的方式悄然撫平心靈的褶皺，引領我們走向更加寧靜與和諧的內心世界。

第三個層次，進行較高強度的運動

根據體化認知理論，心理與身體承受的壓力實則相互交織、不可分割。因此，規律的體育活動，尤其是進行較高強度的運動，諸如快步走、慢跑、跳繩、高強度間歇訓練（ＨＩＩＴ），以及其他達到相當強度與持續時長的球類運動，實質上是在有意識的設置一種良性壓力場景。

經常運動的人或許都有這樣的體驗：起初，每一步都似乎重如千斤，進程艱難。但隨著時間推移，身體逐漸適應，感受到的阻力似乎有所減輕。然而，這種輕鬆感維持不久，身體又會迎來新的極限挑戰，呼吸開始急促，彷彿達到忍耐的邊界。不過，若能咬牙堅持，很快會迎來又一個適應期。這一過程循環往復，伴隨每一次的挑戰與克服，那種苦樂參半的感覺越發強烈。

為了激勵我們持續運動，大腦會適時釋放大量的腦內啡，這些化學物質不僅緩解長時間運動引起的疼痛，還會催生愉悅感，使我們在汗水與堅持中收穫快樂與成就感。

第三招：唸「咒語」

前兩招可以有效幫助你在短期內，從心理反芻的循環中抽身。那麼，為了做到長期的改善，我們又應當如何做呢？答案是：唸咒語。透過咒語來改變你的思維。

「刺激與回應之間有一段距離，幸福和成長的關鍵就在那裡。」這句咒語幫助我們克服杏仁核所帶來的情緒衝動。

我們再請出第二句咒語：「改變可以改變的、接受無法改變的，如果你一時無法接受，又無法改變，那就暫時放一放。」

這句咒語，能幫助你在「無力改變的現實」與「內心期待改變」之間建立和解，學會適時放一放，給自己喘息的機會，減輕精神受力。

正如作家劉同曾在一次訪談中所言：「在一片廣闊的海域中，當人與海龜一同游泳時，雖然人類憑藉體力可以在短時間內游得更快，但若將時間軸拉長，最終卻發現海龜能夠游得更遠。這是為何呢？因為在面對洶湧的風浪時，人類往往會本能的選擇對抗、奮力掙扎；而海龜則不同，牠們選擇隨波逐流，靜靜的漂浮於水面上，耐心等待風平浪靜之後再繼續前行。」

當浪來的時候，其實不應該跟它對抗。平靜等待，當浪退時再跟著往前游。

人生八苦，各有其深意。有些苦，我們必須學會以平和之心去接納，那是生命的必經之路；有些苦，則可透過內心的修為，調整因緣從而轉化其果，對此，我們要勇於實行真正的變革。至於那些目前看來難以跨越，同時也難以即刻接納的苦楚，不妨暫且擱置，因為暫時的放手，實則是對自己的溫柔與寬恕。

放下並不是放棄，而是一種智慧的暫停，是在承認當前局限的同時，保留內心的力量，等待時機成熟，以更佳的狀態再次啟程。所以，放一放，是給自己一個喘息的空間，是心靈的自我救贖，也是在漫長人生旅途中的必要修養。

不受力的思考

在面對人生的種種失誤與不完美時，每一個低谷都是通往更高處的墊腳石。小A、小B和小C的故事，以及我們探討的脫困之策，不僅是對他們的啟示，也是對每一個在掙扎中成長的靈魂的鼓舞。

心理反芻，雖是心靈的牢籠，卻也是成長的契機。教會我們如何以更堅韌的意志、更智慧的心態去擁抱不完美的自己，從而在逆境中綻放出更加耀眼的生命之光。

念念不忘，不必有迴響；每一次的放下，都是為了更好的拿起。讓過去的成為過去，不是遺忘，而是以一種更加成熟和理智的方式，將其轉化為推動自我前進的燃料。在成長的道路上，願你學會在風浪中潛伏、在挑戰中歌唱，將你暫時的蟄伏與放下，化作風雨之後的再次揚帆起航。

5 預期性焦慮，陷入情緒漩渦

你是否常在夜深人靜時，為那些尚未到來的事情憂心忡忡？如果用一到十分來衡量這份不安，你又會為它打上幾分？

許多人在面對未發生的事情時，心中不免湧起陣陣焦慮。這份持續的憂慮與恐懼，有時甚至會影響他們的睡眠。

想像一下，當期待已久的旅行即將啟程，這應是充滿激動與期待的時刻，但有些人卻因為擔心航班、飯店、簽證，甚至是語言溝通的障礙，而夜不能寐。他們反覆檢查行李，一遍又一遍的確認行程的每一個細節，害怕遺漏了什麼。這份焦慮如影隨形，讓原本愉快的準備工作變得沉重。

又如，在職場中面臨晉升的重要時刻，即便你已經做好準備，但在那漫長的夜晚，仍可能輾轉反側、難以入眠。你的思緒被憂慮所占據，擔心第二天可能有不盡如人意的表現，對考官可能提出的尖銳提問，內心始終懷有揮之不去的恐懼。同時也擔心競爭對手可能擁有更強的能力。

如果你發現自己也經常陷入這樣的思緒漩渦，你其實並不孤單。在心理學中，這種現象被稱為「預期性焦慮」（Anticipatory anxiety）。

預期性焦慮

預期性焦慮，是一種普遍存在的心理現象。指的是個體在面對未來不確定的事件時，即便這些事件尚未發生，也會感到強烈而持久的擔憂和緊張。這種情緒反應往往超出了對實際風險的合理評估，導致個人在心理和生理上承受不必要的負擔。

一個深受預期性焦慮困擾的人，通常會表現出以下三種典型特徵：

其一，**過度想像與假設**。這類人常常沉浸於對將來可能發生的種種情境進行極端化想像。他們經常在腦海中構建出一連串負面且戲劇化的後果。即使當前的情況還未完全明瞭，他們也能夠設想出一系列「萬一……」的情境。這些假設往往只關注最糟糕的結果，而對那些積極或中性的可能性視而不見。

其二，**高度警覺與高敏感**。在預期性焦慮的影響下，個體可能變得異常敏感，對周圍環境中的任何微小變化都過分關注，並將其解讀為潛在威脅的信號。這種高度警覺狀態不僅消耗大量精力，還可能導致對正常生活刺激的過度反應，進一步加劇焦慮感。

其三，**避免行為與控制欲增強**。為了避免想像中的負面結果，這些人可能會採取避免策略，如避開可能引發焦慮的情境或活動，儘管這些活動本身，對個人成長或日常生活有益。同時，他們可能試圖過度規畫和控制每一個細節來減輕焦慮，但這往往適得其反，不僅增加了精神受力，還減少了適應性和靈活性。

這三個典型特徵不僅限於短期的心理反應，它們可能會固化為一種長期的心態，嚴重影響個人的生活品質和心理健康。

過度的想像與假設，會限制你的創造力和樂觀態度，使你難以享受當下，總是活在對未來的擔憂中。高度警覺與敏感，則會消耗你的精力，降低生活品質，甚至影響人際關係，因為你可能過度解讀他人行為，產生不必要的誤會和衝突。

當避免行為與控制欲增強，則可能阻礙個人的成長和發展，限制了探索新事物的可能性。

預期性焦慮往往會形成一個惡性循環：越是對未來擔憂，就越容易出現上述特徵；而這些特徵的存在又會進一步加劇焦慮感，使情況變得更加糟糕。

長此以往，這種持續的精神拉扯極易演化為慢性壓力，進而侵擾你生活：夜晚被失眠纏繞，白天則注意力難以集中，身心皆感疲憊，情緒變得如同脫韁野馬，難以駕馭。更有甚者，心理的壓力會投射到身體上，以頭痛、胸悶、肌肉緊張或疼痛等形式出現，讓你實實在在的體會到心病也能導致身病。

走出預期性焦慮的兩個策略

如果你也有預期性焦慮，那該怎麼辦呢？請不用煩惱，以下兩個策略能助你逐步擺脫其困擾。

策略一：相信機率

在一次旅途中，我與團中一位同伴閒談，她向我袒露了她不願搭乘飛機的心結。故事可以追溯到二〇一四年三月，正當她準備登機時，驚聞該航空公司的另一個航班起飛後失聯，這一突發事件給她帶來了極大的震撼與恐懼。那次歸國的飛行，對她而言是心理上的巨大考驗。自那以後，即便旅途再遙遠，她也堅決選擇火車作為出行方式，再也不願踏上飛行之旅。

這位女士的情況在心理學上叫做「可得性捷思法」（Availability Heuristic），是指人們在判斷事件的可能性或頻率時，往往過於依賴最容易回憶起來的資訊，尤其是那些生動、情感強烈或最近發生的事例。

在這種情況下，儘管航空旅行的整體安全性遠高於其他交通工具，但失聯航班的悲劇對那位女士造成震撼，使得飛行安全的風險在她的感知中被極度放大，從而形成對飛行的強烈恐懼。

事實上，不止這位女士對搭乘飛機感到恐懼，哪怕我們沒有類似於她的強烈情感記憶，每次在飛機遇到氣流發生劇烈顛簸的時候，我們或多或少也會產生一定程度的預期性焦慮。每當此時，一個有效的方法就是告訴自己，每八十八萬架次才發生一起飛行事故。自己的運氣應該不會那麼差，會落到那麼小的機率裡。

將相信機率的邏輯應用到日常，每當我們面對可能引起未來焦慮的場景，嘗試以統計學的視角重新評估，認識到絕大多數擔憂的事件發生的機率極低，便能有效抵禦預期性焦慮的侵擾，不讓過度的憂慮支配我們的思想與行動。

策略二：放下對確定性的執念

一個人最大的內耗，就是執著於確定性。

有明確的目標當然是好事，但目標擺在那裡，哪怕你做足準備都可能會出現意料之外的事情。所以，與其為不確定性擔心得晚上睡不著覺，不如學會轉變視角，告訴自己「盡人事，聽天命」、「對過程苛刻，對結果釋懷」。你反而可以獲得一份難得的從容感，或許令你獲得意想不到的效果。

比如，如果你擔心諸如下次晉升機會來臨或者重要演講前夜，又可能會失眠的場景，可以試著調整心態，不再過分糾結於結果的成敗，而是專注於準備過程中的每一個細節。比如你至少可以提前做以下三類準備：第一類，準備逐字演講稿，確保邏輯清晰、內容充實；第二類，每天花三十分鐘練習你的表達，讓語氣自然流暢，充滿自信；第三類，想像可能遇到的問題，並思考如何從容應對等。

當你已經做好了這些準備，內心由於有了這份篤定，從而更釋然的告訴自己：

「我已經做到了最好，剩下的就交給運氣吧。」

站在口試或演講現場，便會發現正是因為那份準備後的釋然，讓你在面對評審時更加鎮定自若、談吐從容，從而可以提升拿到結果的機率。而且，哪怕結果並非如你所願，你也不會感到太大的失落，因為你已經盡力，並享受整個過程，收穫了寶貴的經驗和成長。

不受力的思考

在與預期性焦慮的對抗中，真正的勇氣不是無所畏懼，而是在恐懼面前依然前行。正如小說家馬克・吐溫（Mark Twain）所言：「勇氣不是沒有恐懼，而是面對恐懼時能夠堅定邁出下一步。」

所以，當夜再次降臨，不必再為那些未至之事輾轉反側。讓心靈得以安放，告訴自己，無論明日風雨幾何，今日的我已種下堅強與希望。

如此，我們不僅能夠走出預期性焦慮的陰霾，更能在生命的旅途中收穫意想不到的風景和成長的喜悅。最終，你會發現那些曾經看似不可逾越的山丘，不過是為了讓我們眺望更遠的地平線。

6 從今天開始練習鈍感力

你看過《紅樓夢》嗎？我猜你可能覺得林黛玉是一個心思細膩、特別敏感的人，在第八十三回，生病中的黛玉聽到外面有一個人嚷道：「你這不成人的小蹄子！你是個什麼東西，來這園子裡頭混攪！」人家明明在教育自己的外孫女，可在黛玉聽來，就是在指桑罵槐，於是馬上認為這裡住不得了。

為什麼要提林黛玉？因為她那份細膩而敏感的心性，恰似我們現代許多高敏感的人，在與人交往中總愛揣測別人想法、生怕做錯事得罪人的心境。

總愛揣測是一種內耗。比如，很多人會因為一條未被及時回覆的訊息，就覺得對方是不是對自己有所不滿；發現茶水間有兩個人竊竊私語，時不時朝自己這裡看過來，就馬上反思是不是之前有什麼言行不太妥當。

這些在別人看來微不足道的細節，足以讓總愛揣測別人想法的人內心翻湧起千層浪。

你為什麼總愛揣測別人的想法

總愛揣測別人的想法，和三個關鍵要素相關：

要素一：個人成長環境

個人成長環境是形成一個人心理模式的基石。在一個充滿批評、冷漠或過度控制的家庭環境中長大的孩子，很容易發展出內心的不安全感。在這樣的環境中，孩子為了獲得父母或監護人的肯定與關注，不得不學會察言觀色，揣摩大人的情緒和需求。長期處於這種緊張的互動模式下，他們逐漸形成一種習慣：透過持續不斷的推測他人的情緒和意圖來調整自身的行為，以求得認可和避免懲罰。

舉個例子，我曾有一位同事，她的家庭背景與眾不同，父親常年酗酒。每當夜幕降臨，父親酗酒歸來，家中便籠罩在一層不可預知的恐懼之中，年幼的她和母親常常成為無端怒氣的受害者。在這樣緊繃且充滿不確定性的成長環境下，她被迫磨礪出一套高度精細的情緒感知能力。她曾分享說，僅僅憑藉父親歸家時腳步聲響的細微差別，她就能預估出當晚是否會有風暴來臨，甚至能大致判斷出將會遭遇何種程度的波及。

「那腳步聲，對我來說，就像一個無聲的警告系統。」她如此坦白。這樣的經歷，無疑讓她在幼年時期就鍛鍊出超乎常人的敏感度，卻也讓她在成年後的人際交往中，不自覺的延續了這種過度解讀周遭環境和他人行為的模式。

要素二：內心深處的不安全感

內心深處的不安全感是驅動過度揣測他人想法的核心動力。當個體在成長過程中頻繁體驗到被拒絕、忽視或誤解，這些負面經歷會在其心靈深處埋下不信任和恐懼的種子。這些情緒根深柢固，使得個體即使在成年後進入相對穩定的社交環境，依然難以擺脫那種隨時可能被傷害的感覺。因此，傾向過度解讀他人的每一個動作和表情，試圖從中預判潛在的威脅，這種無休止的內心戲碼成為他們自我保護的一種方式，卻也成了精神上的重負。

這種源自內心的不安全感，讓這類人在社交互動中，總是處於一種高度戒備的狀態，難以放鬆下來享受正常的社交樂趣。

要素三：過度自我反省的習慣

過度自我反省是上述兩要素共同作用的結果。在個人成長環境、內心深處的不安全感的雙重影響下，個體養成了時刻審視自我行為、言語乃至思想的習慣，試圖從中找出可能導致他人不滿的蛛絲馬跡。這種習慣性的自我監控，不僅展現在對外部事件的反應上，更深入到個人的內在對話中，形成一個不斷質疑自我價值和行為合理性的循環。長此以往，一個人可能會失去自我肯定的能力，將他人的感受和評價作為衡量自身價值的唯一標準，從而陷入自我懷疑和自我否定的困境。

那要如何才能停止這種「習慣性揣測」的回聲呢？

人生實苦，悲喜自渡。過去的成長環境已然木已成舟，若要日子過得更舒心，不如設法降低自己的敏感度，變得稍許遲鈍一些。

以一顆歡悅之心擁抱生活，以鈍感力渡過生命中的風浪，如此，才能活得更加逍遙與灑脫；或者你可以選擇刻意修練。

三步修練你的鈍感力

什麼是鈍感力？鈍感力是由日本作家渡邊淳一提出的概念，他在同名書籍《鈍感力》中闡述了這種能力的重要性。其並非遲鈍或木訥，而是一種從容面對生活中的挫折與不如意，不輕易受外界影響，保持心態平和與積極向前的生活智慧。對於那些總愛揣測他人想法的人來說，培養此能力不失為一種解脫自我、改善心理狀態的有效途徑。以下是修練鈍感力的三步法：

步驟一：認知調整與接納自我

這一步的核心在於認知的重塑與自我接納。首要的是深刻理解鈍感力的本質——鈍感力不是宣導冷漠或無知的態度，而是教導我們如何在紛擾的社會環境中，維繫內心的平和與堅韌。過度的敏感不僅可能加重個人的精神負擔，還會導致人際關係的緊繃與摩擦。

再來，你需要接納自己目前的敏感特質，視之為成長歷程與環境影響的產物，而非個人的缺陷。透過這一過程，逐步減輕自我苛責和否定的情緒為心靈鬆綁，營造一個更加寬容的自我認知環境。

步驟二：練習正念與情緒管理

在第二步中，重點轉向了正念的實踐與情緒管理。這包括每日進行正念冥想，比如靜坐冥想，集中注意力於每一次呼吸，以一種非評判性的態度觀察自己的思緒流動，以此幫助自己擺脫過度揣測的思維陷阱，重新錨定於當下的現實（詳細的正念練習介紹參見第四章第二節）。

同時，培養情緒識別的能力，當意識到因揣測他人意圖而引發情緒起伏時，採取深呼吸、去附近散步或把想法寫下來等方法，及時且健康的釋放這些情緒，避免它們在內心累積成不可承受之重。這一系列行動旨在，增強個人對情緒的自主控制力，促進情緒的流動與釋放，從而維護心理的平衡與健康。

步驟三：建立正向社交互動模式

建立正向社交互動模式涉及下面兩個關鍵行動：

首先，採取主動溝通的行動。在疑惑他人意圖時勇敢邁出第一步，直接而禮貌的開啟對話以求真相，以此取代無根據的臆測。這樣做不僅讓你更開放和真誠，還顯著降低了誤解發生的機率。

曾經有一次，我感覺自己可能無意間與另一個部門的負責人產生了誤會。於是，我特意選在一個輕鬆的午餐時刻，主動走到他的工作區域，以誠懇的態度詢問自己有什麼言行不慎之處，無意間冒犯了他。沒想到，這一主動的溝通換來了對方豁達一笑，即便之前存在些許隔閡，也在這一刻煙消雲散。讓我深刻體會到，有時候小小的主動一步，就能讓心與心之間的距離大大縮短。

其次，建立一個充滿正面肯定與良性循環的實踐模式。主動搜尋並珍惜來自外界的每一份肯定，同時也慷慨的向周圍人給予讚美與鼓舞，創造出一個相互鼓勵、正面增強的能量循環。畢竟，誰不渴望被溫柔以待、受到讚許呢？要是能在與人交往時營造這樣一種積極的氛圍，讓正向的對話成為常態，你將會發現你的自信心悄然增長，不再過分在意他人的評判，與人交往因此變得輕鬆愉快，內心世界也達到和諧與自由的新境界。

不受力的思考

鈍感力，不是對生活的妥協，而是以更加智慧和從容的姿態，擁抱每一個當下，讓心靈在每一次挑戰中淬鍊成長。最終，你會發現真正的力量，不在於對外界的過度反應，而在於內心深處那份「任憑風浪起，穩坐釣魚船」的淡定與自信。

7 遭遇不公，卻不敢說出口

你遭遇過不公平的事情嗎？請想像這樣的畫面：你是一位為公司做出巨大貢獻的專案經理，為了追趕工作進度，你自願加班了無數個夜晚。然而，在年底拚績效的關鍵時刻，發現自己只獲得了一個普通考績，而那些和主管走得更近的人，卻被評選為年度優秀員工。

特別讓人感到憤懣的是，當你歷盡艱辛，爭取到一次難得的內部職位轉換機遇時，卻遭遇部門總經理無理由的阻攔。你私下探知，其他部門並無此類限制的先例，不禁納悶為何偏偏自己要面對這不公的待遇。

可是，遇到這些不公平的事情，你又不敢發聲，怎麼辦？我們先要剖析你之所以不敢講的底層原因。

原因一：自我懷疑

遭受不公平待遇時，人們往往會質疑自己是不是做得不夠好？是不是誤解了情況？這種自我質疑削弱了發聲的勇氣，讓人在不確信中選擇了沉默。

一個人自我價值感越是不足，在面對不公正評價或待遇時，其第一反應就越是自我反省，不斷回溯自己的行為和表現，試圖從中找出被區別對待的合理解釋。並不是說這種向內求、從自身找原因的方式不好。但如果你陷入過度自責，認為可能是自己的能力不足、努力不夠或是處理人際關係的方式不當，就會產生是自己不夠好的錯覺。這種心理狀態會削弱你對不公平現象的反抗意識，因為在內心深處，你已經默認自己是問題的一部分。

原因二：恐懼

恐懼是人們遭遇不公平時選擇沉默的主要心理障礙，往往出於對安全感、歸屬感和社會認同的核心需求，選擇了沉默。比如，在家庭場景中，當我們還是孩子時，由於依賴父母而對他們的看法異常敏感，面對父母的偏愛或任何不平等對待，孩子內心的恐懼在於，表達不滿可能會被誤解為不孝，擔心這會引起家庭紛爭，最終導致父母情感上的疏遠。所以，為了維護表面上的家庭和諧，孩子們常常隱藏自己的真實情感，儘管這樣做可能會犧牲他們的心理健康和應有權利。

而在職場上，不公平是一種到處可見的現象，尤其是在需要挑戰權威或對決策提出質疑的場景，這類的行為需要巨大的勇氣，因為很容易被主管貼上難以管理或團隊不穩定因素的負面標籤，這些都可能對你產生直接影響，很多人想說就算了，於是沉默便成了一種生存策略。

原因三：缺少合適的表達策略

在我們過往接受的教育中，對於情緒管理、有效溝通和衝突解決等軟技能的教育相對較少。很多人往往沒有機會在模擬環境中，學習如何在壓力之下清晰的表達不滿，更不用說在現實情境中如何運用這些技巧了。因此，當遇到不公平待遇時，很多人往往感到手足無措，不知如何啟齒。

尤其當你情緒激動時，大腦的理性部分（前額葉）功能會減弱，這使得你更加難以組織語言，或者擔心自己可能說出衝動或不恰當的話語。加上缺乏有效的情緒調節訓練，你在面對不公時，或許會被憤怒、失望或悲傷等強烈情緒所淹沒，無法冷靜思考和表達。此時，由於害怕自己的情緒爆發，會損害人際關係或職業形象，你也盡力克制自己，並保持沉默。既然原因分析清楚了，那到底該怎麼辦？

第一個策略：自我反思和成就清單

該策略不是為了反思你自己有什麼問題，而是解決為什麼你總是自我懷疑的問題。在面對生活或職場中的不公平待遇時，採取主動且建設性的應對策略，始於自我確認與價值重塑。這一過程不僅是簡單的自我反思，更是一種深層次的自我認知和成長之旅。

首先，開啟自我反思時，核心目的在於回顧和記錄你在工作、學習以及日常生活中的具體貢獻，以架構出一份屬於自己的成就清單。這份清單是自我價值的實物證明，提醒我們每個人都有其獨特價值，我們的感受和需求同樣是合理、值得被尊重的。在這一過程中，重要的是避免過度自責，學會從自我懷疑的泥沼中抽身，轉而聚焦於自己的積極面。

隨後，你可以廣泛閱讀和參與針對性培訓來深化自我認知，認識到你的價值不僅來源於外界評價，更多源自內心的成長、自我實現的豐足，以及對生活各方面的積極參與和貢獻。市面上很多好書，如心理學教授卡蘿．杜維克（Carol Dweck）的《心態致勝》（*Mindset*），或是心理學家米哈里．契克森米哈伊（Mihaly Csikszentmihalyi）的《心流》（*Flow*）等，都能引導你探索內在潛能、理解價值的多元化，從而在心靈深處，樹立起不受外界干擾的自我價值標準。

在此基礎上，明確個人價值觀與設定小目標也是核心步驟。理解哪些原則和信念對你至關重要，以此為指引設定實際可行的目標，讓你在追求的過程中不斷確認自我價值，減少對外界認可的依賴。每當達成目標後，無論大小，都應適當慶祝，這些正面回饋會逐步積累成為內心的強大基礎。

第二個策略：尋求支持與建立聯盟

在面對不公平待遇時，克服恐懼、勇敢站出來的關鍵一步，是積極尋求支援與建立強有力的聯盟。這不僅能夠為你注入勇氣，還能匯聚群體的力量，共同推動正義的天秤回歸平衡。

首先，你可以先識別並接近那些可以信賴的人，他們可能是你的朋友、導師或是擁有相似經歷的同事。與他們分享你的遭遇，真誠的表達你的感受和面臨的困境。這些外部的聲音能為你提供不同的視角，幫助你更客觀的審視問題，讓他們的理解與支持如同溫暖的陽光，穿透心靈的陰霾，給予你前進的動力。

其次，在職場裡，擁有一個溫暖而堅實的支持網絡外重要。想像一下，如果你能加入或者親自打造一個互助會，這裡聚集了那些和你一樣，有著共同經歷或類似訴求的同事。在這個團體裡，把大家的力量匯聚起來，讓每個人的聲音都變得更加響亮。你們可以一起集思廣益，共同琢磨怎麼更好的向主管回饋你們的想法，或者攜手探尋讓工作生活變得更美好的小妙招。這樣的齊心協力，不光讓你們的請求更有分量，更重要的是，每個人都能在當中互相支持，也讓任何可能遇到的小風浪變得不那麼難以抵擋。

最後，利用外部資源也是明智之舉。尋求專業機構如法律顧問的幫助，確保你的權益得到有效維護。尤其是在公司業績不佳，對員工進行大面積裁員的時候，多找幾家律師事務所了解和計算正規的賠償方案，也是保護自己的好辦法。

尋求支持與建立聯盟這個過程的本質，其實是將個體的脆弱轉化為集體的力量，將孤獨的抗爭變為攜手同行的旅程。在這個過程中，每個人都將變得更加堅強；公平，也將因你們的共同努力而得以彰顯。

第三個策略：提升表達技巧

提升表達技巧，作為應對不公平現象的第三個核心策略，可以幫助你在不公平的情境中，找到合適的表達策略。透過精進表達能力，你不僅能確保訊息準確的傳達，減少誤會和衝突，同時還可以增進他人對你的理解與認同，為個人權益的維護和公正環境的塑造奠定基礎。具體可以按以下三個步驟實踐：

第一步，情緒管理。面對不公，首先自我冷靜至關重要。透過深呼吸、短暫散步或在手機上記錄心情日記等方法，可以有效控制情緒，從激動狀態恢復平和，以便用更理性和建設性的態度溝通。同時，有意識的覺察和調節情緒，確保交流時保持平和而堅定。

第二步，結構化表達。在表達前，先明確表達的目標。無論是尋求公正評價，還是解決具體問題，這些都可以是你的訴求。接著要注意基於事實陳述，用具體工作成果、數據和時間投入等作為支撐，避免模糊不清的指責。然後按照邏輯順序組織語言，先陳述事實，再表達個人感受，最後清晰的提出請求或建議，並利用預演提高自信和表達的流暢度。

第三步，激發對方的善意。在與人交流互動時，我們的核心目的應當是推進個人目標的實現，而非單純的情緒釋放。因此，採用能夠觸動對方心靈、喚醒其善意的語言策略，將極大提升對方協助你達成目標的可能性。

例如，在面臨職位調動受阻的情境中，部門總經理成了阻礙。若是選擇直接質問，強調其他部門調動的順暢與自己遭遇的不公，很可能會無功而返。面對這一困局，我的解決之道是經過深思熟慮，我意識到自己在文案創作上的專長，於是在一個午後，精心構思了一則訊息發送給事業部總經理：

「尊敬的〇〇總經理，這是一封來自未來十年後的書信，傳遞給當下的您。信中記載著您慷慨同意我那次關鍵職位變動的決定，這一轉捩點引領我走到今天的位置，一位著有二十部作品的作家，其中一部有幸邀請到您親自撰寫了序言，對此我深懷感激。正是您當年的成全，使我有機會在新部門深入學習了系統化的思維與內容製作方法論，成就了今日的我……。」

這條飽含深情與遠見的訊息發送不久，原本僵持了三個月的工作轉換申請，竟然迅速得到了系統審批通過，問題迎刃而解。

不受力的思考

世界不會自動變得公平，公平是每一個個體在面對不公時，以尊嚴、智慧和策略爭取而來。你的聲音，即便微小，也擁有撼動不公的力量。正如人權鬥士馬丁．路德．金恩（Martin Luther King）說：「黑暗不能驅散黑暗，只有光明可以做到；仇恨不能驅散仇恨，只有愛可以做到。」以愛和理性找到其應有的迴響。

8 職場中被邊緣化，怎麼辦？

請想像一下：

你原本是市場部的一員，以往每次策劃會議，你總是坐在前排積極參與討論、提出創意點子。但最近幾個月，隨著新主管上任及幾位能言善辯的新同事加入，你發現自己逐漸被擠到會議室的邊緣位置。會議中，你的發言常常被忽略，甚至幾次提出的建議都未得到回應，彷彿你的聲音被無形的屏障隔離。同事們熱烈討論時，你只能默默記筆記，感覺自己成了會議上的隱形人。

請再想像一下：

你在一家忙碌的行銷公司工作，作為資深文案策劃，憑藉十年經驗和卓越的文字能力，成功吸引眾多關鍵客戶。但隨著行業數位化轉型，大數據和人工智慧技術占據了業務核心。最近的會議經常聚焦於最新技術，如演算法優化、人工智慧創意製作及成效監控等。你努力跟進，卻發現自己的傳統策略在這個數據為王的時代顯得格格不入。

工作方式變化，創意初稿依靠人工智慧快速生成，你精細的手工創作顯得不再高效。你參與的專案減少，逐漸退居二線，這種落差讓你深感失落和被邊緣化。

平日交流中，你與暢聊最新行銷科技的同事漸行漸遠。午休時，他們聚在一起激動討論新技術，而你常常默默旁觀，偶爾發言也難獲回應，最終選擇迴避這些對話，成了團隊邊緣成員。

我猜你的內心已經有一些不適了，但是還有一個場景，也請試著體驗一下：

在一家知名企業中，你是一位擁有長達十五年深厚行業經驗的老員工，享受著優渥的薪酬福利，習慣了規律的朝九晚六的工作節奏。然而，受大環境的影響，你所在的行業遭受衝擊，公司的業務基礎也日漸動搖。

儘管公司未曾正式提及人員調整，但一些微妙跡象開始顯現：大量職場新人入職，並承擔重要工作；你漸漸被排除在重大決策會議之外，負責關鍵專案的機會也與你漸行漸遠。更令你感觸深刻的是，一個年輕人成了你的主管。

這一切無聲的變動，讓你不由得感受到，公司或許正以一種微妙而含蓄的方式，提示著你在這裡的角色正在逐漸淡化。

現在讓我們回來，你是不是想說：職場中被邊緣化，真的不好受，那該怎麼辦？凡夫畏果，菩薩畏因。我們首先要理解，被邊緣化讓我們感到難受、精神受力的本質究竟是什麼？

邊緣化讓你感到難受的本質

從心理學的角度來看，被邊緣化的本質是一種情感上的疏離，這種疏離會在潛意識中逐漸削弱你的自我認同感和歸屬感，使你感到與周圍環境的聯繫變得脆弱甚至斷裂。

美國社會學家基普林・威廉斯（Kipling Williams）在一次公園散步時，偶遇兩位正在玩飛盤的人。當飛盤不經意間落在他腳旁，威廉斯出於本能拾起並加入到他們的遊戲中，臨時形成一個三人互動的局面。然而不久後，那兩名玩家重新回歸到他們的投擲模式中，未再將威廉斯包含在遊戲中，他只能默默走開，心中卻莫名的感到不適。

威廉斯深感自己情緒的微妙變化，儘管理性告訴他作為局外人，不應對此過度在意，尤其考慮到他本人對投擲飛盤並無特別興趣。但那種被排除在外的感覺仍舊引發了深刻的挫敗感，彷彿他遭受了某種形式的傷害。出於職業的敏銳度，威廉斯決定探索這一現象。

隨後，他在實驗環境中重現了類似情境：安排三個人開始傳球遊戲，起初全員參與，隨後兩名假扮的參與者開始僅在彼此間傳遞，刻意排除第三位不知情的真正受試者。研究揭示，即使這種排斥行為只維持了幾分鐘，也足以在受試者心中誘發顯著的排斥感。伴隨著悲傷及憤怒情緒的上升，受試者感受到的歸屬感和自尊水平顯著下滑。

這一發現展顯了人類對於社交包容性的深刻需求，及其對心理狀態的影響。這就是被邊緣化的感覺。它可能導致你產生自我懷疑，質疑自己的能力、價值和存在意義。你會開始思考自己是否真的足夠優秀、是否做得不夠好，甚至懷疑自己是否適合這個工作環境。

焦慮也可能隨之而來。你會擔心自己的職業發展受到限制，擔心被忽視會影響到未來的晉升機會，或者擔心自己在團隊中的地位逐漸下降。失落的情緒也難以避免。當你發現自己被邊緣化時，你可能會感到失望和沮喪，因為你原本期望能夠在團隊中發揮更大的作用，得到更多的認可和支援。

這種情感上的疏離還可能引發其他負面情緒，如孤獨、無助、憤怒等。這些情緒可能會相互影響，進一步加重你的心理負擔。

然而，重要的是要認識這些負面情緒是正常的反應。它們是身體和大腦對邊緣化這種壓力情況的自然回應。透過正確的應對方式，你可以逐漸克服這些情緒，重新找回自己在職場中的位置和價值。

向外求解，向內改善

在處理職場邊緣化的問題時，必須分類討論，一類可以向外求解，另一類則只能向內求解。我們先說向外求解。向外求解可以分為兩類情況，一類與人有關，一類則與事相關。

先說與人相關的邊緣化。

俗話說，一朝天子一朝臣。在職場的風雲變幻中，通常新主管的加入如同一陣清風，既可能帶來新鮮的空氣，又可能掀起一陣未知的波瀾。當你察覺到新主管的上任及其帶來的管理風格，正悄然改變著團隊的樣貌與文化，而自己似乎在這場變革中被推向邊緣時，不必慌張，這正是展現你適應力與韌性的時刻。你至少有兩件事情可以做。

第一件事，**選擇主動出擊，尋求建立直接的溝通管道**。

不妨精心準備一次面對面的會談，利用這個機會，了解新主管的管理理念和未來規畫，更重要的是，這是一個展現自我、建立連結的絕佳時機。在對話中，溫和而自信的表達你的專業能力、講述過往的成功案例，以及你對未來團隊目標的認同與期待。同時，表明你願意為團隊的共同願景，貢獻自己的一部分力量，展現出你的積極態度和開放心態。

第二件事，在大量新人入職之際，你可以**積極的和這些新面孔建立關係**。這麼做的目的，不僅僅是為了出現在大家的視線中，更是透過實際行動證明你的團隊精神和協作能力。例如，你可以主動承擔責任、為團隊服務，也可以組織小型討論會策劃活動，或是在必要時伸出援手。以上這些活動，不僅能夠加深與同事們的相互了解，還能在輕鬆愉快的氛圍中展現你的領導力和創意，從而逐步找回你在團隊中的位置。

再說與事相關的邊緣化，也就是面對行業變遷、技術創新或工作方式調整，所導致的事端邊緣化。

第一，要持續學習與提升技能，密切關注行業趨勢、積極學習新興技術，或努力掌握先進工具。例如，行銷專家應深入探索數據分析、掌握人工智慧創意工具的運用，以及精通數位行銷策略，利用報名線上課程、參與研討會，取得相關認證來強化自身實力，同時，這也是向團隊傳遞正面信號，展示你擁抱變化、力求上進的決心。

第二，轉型與重新定位自己的角色至關重要。深入分析個人優勢與公司未來導向的交集，探索自身軟實力與新興技術融合的新路徑，以此彰顯你的創新思維和不可替代的價值。

第三，構建跨部門合作網絡，打破傳統界限，與數據分析師、產品經理等多領域同事攜手，結合你的經驗共同優化產品或使用者體驗，此舉不僅能提升你的內部影響力，還讓你的工作範疇更加豐富多元，降低被新技術取代的風險。

第四，主動擔當問題解決者，面對企業因技術革新或市場波動遭遇的難題，以既有經驗和新學知識，設計出既能有效應對挑戰，又能突出個人貢獻的策略方案，並適時向主管與團隊成員展示你的見解。

第五，別忘了塑造個人品牌，你可以透過撰寫產業文章、公開分享觀點、參與演講和線上研討會等方式，提升個人在業界的可見度與聲譽。這樣做不僅能鞏固你的業界地位，還能讓公司內外意識到你的專業價值，助力你在職場中穩固中心位置，有效抵禦邊緣化的侵襲。

我們最後來說說只能向內求解的情況。當你在職場遭遇邊緣化，其背後更多是來自行業下行、性價比過低或可替代性太高等因素時，那麼唯一的辦法就是向內求解。這裡有兩個策略可以供你參考踐行：

策略一：提升你的自我複雜性

自我複雜性（Self-complexity），這個概念最初由心理學家派翠夏・林維爾（Patricia Linville）提出，簡單來說，就是你身上擁有的多種身分和角色的集合，以及這些身分之間能夠清晰區分的程度。就好比你不僅是個上班族，同時還是個內容創作者，又或者是理財小能手，你的收入不僅僅來源於薪水，還來自其他副業的貢獻。這樣一來，你就像一個擁有多重身分標籤的人，每一張標籤都代表了你生活的一個獨特面向。

提升自我複雜性的一大好處在於，能幫你更好的應對生活中的挫折和壓力。想像一下，如果你其中一個角色遇到了挑戰或失敗，比如工作上不太順利，但因為你還有其他副業收入，或是有投資收益作為後盾，那麼這次挫折就只是你生活中的一個小插曲，而不是全部。這種多樣性就像為你的人生設置了一張安全網，即使某一領域遭遇低谷，其他領域依然可以發光發熱，提供你支援和安慰。

拿我個人的經歷來說，當我意識到職場之路並非一帆風順時，我便有意識的增加了自己的身分標籤：成為一名多產的作家和精明的指數基金投資者。

這樣一來，職場上若遇到瓶頸，我也可依靠寫作收入和投資收益安枕無憂。正是這種多元化的生活布局，讓我得以在面對困難和挑戰時保持心態的平和與從容，不會因為單一領域的不如意，而陷入過度焦慮和壓力之中。簡而言之，自我複雜性就像一道心理防線，幫我分散了風險，確保了生活的穩定性與幸福感。

策略二：降低期待

你聽過幸福的簡約公式嗎？幸福，等於你得到的除以你期待的。

這個公式深刻揭示了幸福感的本質——不單純取決於你實際取得的成就大小，而是這些成就與你內心期望之間的一種平衡。當我們的期望如同天際般遙遠，即便手握諸多成果，內心的滿足感也可能微乎其微，幸福感自然難以觸及。

因此，學會調整和管理個人的期望值，是職場與生活中不可或缺的智慧。這不是一種消極的妥協，而是一種積極的生活藝術，它教會我們如何在現實與夢想之間搭建一座橋梁，讓心靈得以安放。

具體實施起來也並不複雜。首先，你可以開展一次誠實而深入的自我評估，明確自己當前所處的位置、擁有的資源和能力。同時，了解行業趨勢和外部環境的變化，確保你的期望與現實世界保持同步。同時，在日常生活中，培養感恩習慣，專注於你已擁有的，無論是健康、家庭、友誼還是職業上的小成就。感恩能幫助我們珍惜當下，減少對未得到事物的過分渴望。另外，你還可以告訴自己，完美是不存在的，接受自己的局限性，對自己的不完美抱持寬容態度。當未能達到某些目標時，不要自我苛責，而是從中學習並繼續前行。

不受力的思考

在職場的風雨洗禮中，每個人都會遇到挑戰與低谷、被邊緣化，雖然是一段艱難的旅程，但也蘊藏著成長與轉機的種子。每一次的挑戰都是重新定義自我、突破界限的覺醒契機。當你學會了如何在逆境中尋找光亮、提升自我、以及調整心態，你將發現，那些曾經看似不可逾越的障礙，最終成為你不凡職業生涯的寶貴階梯。

所以，挺起胸膛，勇敢的擁抱每一個挑戰，因為每一次的邊緣化經歷，都是獨一無二職業生涯的寶貴篇章。未來的你，一定會感謝今天沒有放棄、持續成長的自己。

9 PUA，他人對你的情緒操控

「為什麼別人下班後都能及時回覆訊息，就你不及時？」、「你這個疏忽真是太不應該了，大家都沒犯過這種錯誤，這讓我有點意外。雖然事小，但細節決定成敗，你得多上點心，不然以後怎麼放心把更重要的工作交給你呢？」、「現在有一份工作就很不錯了，大家都很感恩，你怎麼就不知道珍惜呢？」

以上這些對話，你熟悉嗎？聽到這些話，你的精神會感到受力嗎？沒錯，它們熟悉而又尖銳，這正是職場中常見的心理操控現象，也被稱為職場PUA。

我們先說說什麼是PUA，全稱為Pick-up Artist（搭訕藝術家），原本是指一些人在戀愛關係中使用的一系列技巧和策略，心理操控增加對方的好感或依賴，以達到特定目的。

職場PUA

心理學中也有類似於PUA的效應，稱煤氣燈效應（Gaslighting），源自一九四四年的電影《煤氣燈下》（*Gaslight*）。

在電影中，丈夫利用種種手段讓妻子相信自己精神失常，比如逐漸調暗煤氣燈亮度但否認燈光有變化，從而讓妻子懷疑自己的感知和記憶。在心理學上，煤氣燈效應描述的是一種慢性心理操縱行為，操縱者故意使受害者質疑自己的記憶、感知、理智乃至自身的心理健康，導致受害者失去自信、依賴操縱者，最終可能接受操縱者的解釋和世界觀。

職場PUA是煤氣燈效應在職場中的具體展現，是指在職場中，某些主管、同事利用言行或權力結構，對其他人實施一系列心理操控策略，目的是控制、貶低、邊緣化受害者，或促使受害者按照操控者的意願行事。

這也在人類歷史上是一種常態，比如師傅對學徒，基本上就沒有好話，稍許犯錯非打即罵。到了現代社會，職場PUA雖然比以前文明了一些，但也很讓人不舒服。具體來說，我們經常能遇見的職場PUA，通常可以展現在不限於以下三個方面：

第一，總想讓你下班後也工作。

其展現在模糊工作與私生活的界限。操控者可能經常在非工作時間發送工作訊息，要求你即時回覆或處理事務，強調真正的敬業就是二十四小時待命。透過這種無休止的工作要求，他們試圖消耗你的個人時間和精力，讓你逐漸失去生活與工作的平衡。

第二，不斷貶低和打壓你。

這是最直接且常見的一種策略。操控者會頻繁的指出你的錯誤，哪怕是很小的瑕疵，也會被放大處理，同時很少或幾乎不給予正面回饋。這種持續的負面評價會讓你逐漸質疑自己的能力，感到無論多麼努力都達不到對方的期望，從而陷入自我懷疑的漩渦。例如即使你完成了任務，對方也可能說：「這次雖然還可以，但相比○○的表現，你還是差遠了。」

第三，不斷強調外部環境不好。

操控者可能會利用外部環境的不確定性，如經濟下滑、行業不景氣等，來合理化對員工的不合理要求。他們會反覆強調：「現在市場的就業如此嚴峻，能找到工作就已經很不錯了，你應該感到幸運。」這種言論會讓你感覺外部選擇有限，被迫接受當前不公的待遇或工作條件。

透過這些手段，操縱者會逐步侵蝕你的自信心和獨立性，使你在不知不覺中落入被操控的境地。這種持續的心理攻勢可能逐步侵蝕個人的自尊和自信，讓你開始懷疑自己的能力，甚至覺得離開這個環境就無法生存。

如何對抗職場PUA

有人提出一些解氣的反PUA話術，比如：「您這點薪水，我高攀不起，不如您找別人秒回訊息吧！」、「認真仔細也不是不可以，但我也要看看性價比。」、「你說的大家，除了你，還有誰？」

但很遺憾，這些話術看似解氣，實際上在很多職場環境中卻並不適用，甚至可能加劇矛盾，不利於問題的根本解決。面對職場PUA，採取理性和建設性的策略更為重要。

這些策略可以分為兩個部分，一部分是對內的修練，另一部分則是對外的應對。我們先說對內的修練。

面對以上狀況，你需要擁有三感，即自我認同感、自我效能感和自我價值感。自我認同感，是個體對自我的整體評價，是自我意識的核心，影響個體的價值觀、選擇和生活方式；自我效能感，則關乎你對自己特定能力的信任，即便面臨挑戰或一時挫敗，你依然堅信自己能夠克服，成就事情、不斷進步；自我價值感，是在達成目標後油然而生的情緒體驗，帶給你的是成就的快感與價值的滿足。

這三感與你的自尊水平有關。自尊水平按照不同的境界，可以分為三個層次，根據哈佛大學積極心理學教授塔爾・班夏哈（Tal Ben-Shahar）的觀點，它們分別是依賴型自尊、獨立型自尊和無條件自尊。

第一層是依賴型自尊，處於較低層次，指的是個人的自尊很大程度上依賴於外界的認可和評價。在這種狀態下，個人的價值感容易受到他人意見的左右，對批評極為敏感，可能會為了迎合他人而犧牲自我，易於陷入職場ＰＵＡ的陷阱中，例如過度在意上司或同事的評價，忽視自身的真實感受和需要。

如果在工作中一旦出現失誤，依賴型自尊者的第一反應是：「主管會怎麼批評我？同事會怎麼取笑我？」他們會更傾向於在職場中隱瞞失誤，而不是設法為失誤尋找補救方案。只有擺脫依賴型自尊，才能真正擁有自我認同感。

第二層是獨立型自尊，是較高一層的自尊形態，獨立型自尊意味著個體開始內化評價標準，更多依賴於自我設定的目標和價值觀。在職場中，具備獨立型自尊的個體，能夠基於個人成長和成就來衡量自我價值，不易受外界無端指責的影響，能夠理性分析工作中的回饋，從中提取有益的部分進行自我提升，同時保持自我價值的穩定。

提升至獨立型自尊的境界並非遙不可及，關鍵在於持續積累微小成就，讓每一次小小的勝利都成為你自信的證明。這些點滴成功如同星辰，匯聚成照亮自我價值的星河，不僅證實你過往的能力，也鋪就了通往未來成功的道路。每一次成功的體驗，都是自我效能感的燃料，推動你更加確信能夠克服挑戰，達成更高的目標。

第三層是無條件自尊，這是最為高級的自尊境界，超越了對外界評價的依賴和自我設定目標的達成，達到一種內在的平和與接納狀態。擁有無條件自尊的人，無論外界環境如何變化，都能保持內心的穩定和自我價值感的確信。達到了不以物喜，不以己悲的境界。

在職場中，這樣的人不會因為職位高低、工作業績好壞，而動搖對自我價值的認知，他們工作出於熱愛和自我實現，而非外界壓力或認可的追求，因而能在職場PUA面前保持極高的韌性。

實現無條件自尊有點難度，但想要達到獨立型自尊則是完全可以做到。當你能透過拿到的每一個結果、收穫的每一個成就，來不斷獲得自我效能感，你也可以盡快從依賴型自尊，跨越到獨立型自尊。接下來，對外的應對，總共有三招：

第一招，出自辯手黃執中，這招叫做「**有門檻的答應**」。

我們曾經說：刺激與反應之間有一段距離，成長與幸福的關鍵就在那裡。同樣的，拒絕與答應之間也有一段距離，應對也就浮出水面。

當面對主管不合理的要求，如讓你下班後也要及時回覆訊息時，你就可以採用有門檻的答應的策略。這種方法不是直接拒絕，而是設定一定的條件或門檻，既表現出合作的意願，又保護了自己的權益。

你可以說：「我理解專案緊急，下班後保持溝通暢通，確實對團隊協作有幫助。為了不影響任務進度，我可以在晚上八至九點查看並回覆緊急訊息。不過，為了保證第二天的工作效率，我希望非緊急情況我們可以在工作時間內討論，這樣我可以更好的集中精力處理所有任務。您看這樣安排是否妥當？」這樣的回答既展現了你的團隊精神和解決問題的意願，又合理設定了個人時間的邊界，避免了無界限的加班文化侵犯你的私人生活。

如果主管總是拿很小的錯誤來貶低和打壓你，那又要如何應對呢？這就需要我們祭出第二招「**增值回轉法**」。

當主管習慣性的拿小錯誤來打壓你時，你可以這樣回應：「我確實注意到這個小失誤了，感謝您的細心指正，這提醒了我細節決定品質的道理。我想借此機會提出一個想法：或許我們可以建立一個團隊內部的互助審查機制，當每個人完成任務後，由另一位同事快速覆核一遍，這樣不僅能幫助彼此捕捉到，可能遺漏的細微之處，還能促進團隊成員之間的技能交流與提升。我相信，以這樣的流程，不僅能夠減少錯誤，還能增進團隊的凝聚力和整體工作效率。您認為這個建議是否有實踐的價值呢？」

這招的亮點首先在於化被動為主動。不是直接辯解或反駁，而是將焦點從錯誤本身轉移到，提出建設性解決方案上，顯示你的主動性與團隊意識；其次，你還給出了一個增值提議，提出一個能夠為團隊帶來正面改變的建議，讓主管導看到你對團隊發展的貢獻和思考，而非僅僅停留在改正錯誤層面。最後，透過提議將團隊的制度改良，間接指出錯誤的發生是每個人都有可能面臨的，而非個人專屬問題，這有助於減輕你被針對的感覺。

當然，使用增值回轉法的前提是，你需要克服自己的老好人傾向，因為老好人們會下意識覺得自己用了這招，可能會把同事們也拉下水。但請你記得，主管和你們本就不是對等關係，你只有把同事們的力量裹挾進來，才能讓主管對一群人進行職場PUA的時候有所顧忌。

第三招，來自人際關係洞察家熊太行的「零號原則」，也叫「**逃生艙原則**」。他頻繁的收到相似的困惑：「熊老師，我對目前的工作環境深感疲憊。但當初入職時歷經重重挑戰，離職的念頭也因不捨之前的付出而搖擺不定，如何是好？」

面對這樣的苦惱，熊老師慣用一個生動的比喻來引導思考：「想像你是一名太空人，在遙遠的太空執行任務，若不幸遭遇火災，並且火勢失控，你該如何選擇？」對方答：「迅速進入逃生艙內，安全返回地球。」熊老師繼而追問道：「此刻，你會為放棄太空站而感到惋惜嗎？」對方又答：「當然不會，生命安全至上！」這便引出了零號原則——無論我們多麼致力於保住工作、追求晉升或增加收入，都應預留一條脫身之路。

在職業生涯遭遇極端困境時，能夠確保自己擁有抽身而出的能力至關重要。為此，熊老師提出了一項具體指南：根據個人基本開銷，預先準備一筆足夠支撐至少三個月房租的緊急基金，作為離職緩衝金。對於初入職場的新人而言，這便是離職時能夠自信做出決定的財務後盾。

不受力的思考

職場PUA雖然存在，但它不該成為你職業旅程中的絆腳石。妥善運用上述策略，不僅能有效抵禦，還能在此過程中成長，學會如何在複雜的人際關係中遊刃有餘，妥善的保護自己。

正如小說家厄尼斯特．海明威（Ernest Hemingway）所言：「生活總是讓我們遍體鱗傷，但到後來，那些受傷的部分一定會變成我們最強壯的地方。」

10 育兒理念與長輩文化的戰爭

遭遇精神受力的場所，不局限於職場，在家庭領域同樣存在。尤其對於雙薪家庭而言，家中長輩的助力在子女接送、日常生活照顧等方面，確實起到減壓作用，讓忙碌的父母得以喘息。然而這種便利背後，也潛藏著不容忽視的潛在衝突。

當孩子的撫養由多個家庭成員共同參與時，多樣化的觀念和方法便不可避免的交匯碰撞，尤其是兩代人之間，因時代背景和教育理念的差異，育兒觀點上的不一致使衝突幾乎成為普遍現象，而非個例。

舉例來說，才剛和孩子說好今天不能喝飲料，沒過一會，奶奶就給孩子喝果汁、吃冰淇淋；又如父母努力鼓勵孩子做家務，孩子也答應今晚會負責洗碗，結果晚飯後，爺爺心疼孫兒勞累，悄悄把碗洗了，還對孩子說：「你去玩吧，這些工作爺爺來做。」這樣的情況，雖然出自善意，卻無意中削弱了責任和規則意識，也讓孩子接收到混淆的資訊，不明白為何規則和承諾可以輕易改變。

面對育兒中的不同做法，你感到頗為苦惱，想要傾訴時，卻發現伴侶也只是雙手一攤，無奈的表示束手無策。內心的焦灼讓你決定主動向長輩表達疑慮與不滿，卻不料這一舉動瞬間如同點燃火藥，將教育觀念差異而潛藏的矛盾徹底引爆，一場圍繞育兒理念的激烈爭論在所難免。

衝突的本質

衝突的本質，實質上是兩代價值觀與教育理念的深層碰撞。

站在年輕父母的視角下，由於在資訊時代的背景中成長，接受了更多元、開放的教育理念。因此，傾向於採用更為科學和符合心理學的育兒方式，並且重視個體發展。作為年輕父母的你相信，透過給予孩子適度的自由與責任，能夠激發孩子的內在潛能，培養其獨立思考和解決問題的能力。在你看來，愛是放手讓孩子經歷挑戰，從失敗中學習，從而成長為有韌性的個體。

而站在長輩們的視角下，由於其教育觀念深受成長時代的社會文化影響，他們更加強調順從與集體主義價值觀。在長輩的眼中，愛往往與物質滿足、生活照料緊密相連，使他們以無微不至的呵護來展現對下一代的深情厚誼。長輩們經歷過更多的物質匱乏與生活艱辛，因此更加傾向於避免孩子走彎路，直接給予幫助的方式來表達愛，避免孩子重複自己曾經歷過的困難與挫折。

這種在愛的詮釋上的差異，如果沒有得到妥善處理，很容易轉化為家庭內部的緊張與衝突，影響孩子對世界的認知，危及家庭成員間的情感紐帶。因此，理解和尊重彼此的愛之表達，尋找兩代人教育觀念的融合點，成為解決衝突、促進家庭和諧的關鍵所在。

當遇到這類問題，究竟應該怎麼辦呢？下面就來說說，育兒方面與長輩相處的兩個誤區、一個原則和三個場景方案。

兩個誤區：逃避與對抗

人類面對衝突時，固然存在著本能的逃避或對抗反應，但在處理與長輩育兒理念不一致的情境中，直接採取逃避或對抗的策略往往是不恰當的，原因如下。

首先，逃避（即沉默或迴避）雖然可能暫時緩和表面的緊張氣氛，但並未解決根本問題。長期的逃避會導致誤解加深、問題積累，最終可能爆發更大的衝突，同時錯過孩子成長過程中的重要教育時機，影響家庭成員間的情感聯繫和教育效果的一致性。

其次，採取對抗的方式，即單方面堅持己見，強力推行自己的教育理念，可能會傷害到長輩的感情、破壞家庭和諧。長輩的經驗和情感投入對家庭同樣寶貴，直接對抗不僅否定了他們的貢獻，也可能引起反感，使他們更加固守己見，不利於建立統一的教育戰線。

在育兒這一需要長期協作與情感支援的領域，真正有效的方式是超越這些原始本能，採取更為成熟和建設性的策略。教育不是獨唱，而是家庭的合唱。這就意味著，在處理與長輩的育兒分歧時，尋求和諧與共識，共同編織教育的交響曲，比任何單一的強音都來得更為重要和深遠。

一個原則：與伴侶結為同盟

在應對與長輩之間的育兒觀念差異時，最關鍵的一個原則是與伴侶建立堅實的同盟關係。這不僅是情感上的相互支持，更是育兒決策上的一致對外。作為父母，你們是孩子教育的主軸，攜手合作、統一立場，是向長輩傳達清晰、連貫教育理念的基礎。具體實施時，可以參考以下六個步驟：

第一步，私下溝通。在與長輩討論之前，確保你和伴侶在關鍵的育兒原則上達成共識。透過深入對話，理解彼此的擔憂、期望和底線，制訂出雙方都能接受的教育目標和方法。

第二步，共同呈現。在家庭會議或日常交流中，盡可能以「我們」而非「我」來表述教育計畫和規則，展現出父母雙方的統一戰線。這不僅增強了權威性，還讓長輩感受到你們作為一對負責任父母的團結力量。

第三步，尊重與感激。在提出不同意見時，先表達對長輩付出的感激之情，肯定他們在孩子生活和成長中的重要作用，強調討論的目的是為了更好的整合資源，為孩子創造一個一致且有利的成長環境，而不是質疑或否定他們的愛與努力。

第四步，靈活變通、求同存異。認識到沒有絕對正確的育兒方式，每一代人都有其獨特的智慧和價值。在非原則性問題上，可以適當妥協，允許一些差異存在。探索如何將長輩的經驗與現代教育理念相結合，找到適合自家孩子的平衡點。

第五步，設立邊界、明確責任。在愛與尊重的前提下，清晰界定各方在育兒中的角色和責任，特別是關於規則制訂與執行的部分。可以利用家庭協議的形式，明確區分哪些是父母負責的範圍、哪些是可以邀請長輩參與或給予建議的領域。

第六步，持續溝通與回饋。育兒是一個動態過程，需要不斷調整和改善。定期與長輩分享孩子的進步和面臨的挑戰，邀請他們基於共同目標提出建議。同時，也要勇於分享自己作為父母的困惑與心得，讓長輩看到你們的努力與成長，增加他們對新式教育方法的理解和接納。

透過以上策略，保持家庭和諧的同時，逐步營造一個既尊重傳統又擁抱現代的育兒系統，讓愛與智慧跨越世代，共同促進孩子的健康成長。

三個場景方案

不過有時候，當遇到伴侶因某些現實困境，難以直接站出來形成育兒同盟時，策略的調整尤為關鍵，我們可以採取三個場景方案來應對：

場景一：你們住在長輩家裡寄人籬下。遇到這種情況，你們需要設法在職場或副業上努力，獲得更高的收入，從而有能力搬出去住。畢竟，代際衝突（按：兩代或多代之間的關係產生衝突）都是由生活中的一件件小事引起，如果降低接觸頻率，彼此之間的邊界感就更容易形成。

場景二：孩子還比較小，雙薪家庭沒人帶孩子。在這種情況下，首先需要認知長輩的幫助是寶貴的資源。為了減少因育兒方式不同產生的摩擦，可以嘗試提前規畫和分工。例如制訂一份詳細的家庭日程表，明確標記孩子的生活規律、學習以及休閒活動，並在其中融入你認同的教育理念。同時，可以利用週末或休息時間親自承擔更多育兒責任，展示你的教育理念，在此過程中邀請長輩參與，讓他們在生活中觀察和理解你的方法。

此外，考慮尋找間接影響的機會。例如，提議一起觀看一些教育節目或者閱讀育兒文章，間接引入你認同的教育理念，並在日常生活中尋找機會，以輕鬆的方式展示，你們的教育方式對孩子產生積極的影響，逐漸讓長輩看到並理解你們的方法。

場景三：由於種種原因，不得不與長輩相處。那就請務必注意以下兩點。

第一，降低期待值。改變可以改變的，接受無法改變的，如果你一時無法接受，又無法改變，那就暫時放一放。理解並接受在特定環境下，不可能實現所有理想的育兒設想。放一放對即時改變長輩育兒觀念的期待，轉而專注於長期的、逐步的溝通與融合。認識到每個小的進步都是成功，比如長輩偶爾願意嘗試你推薦的教育節目，或是聽取你的建議調整某項規則，這些都值得慶祝和鼓勵。

第二，避免當著長輩的面與另一半對育兒方式發生爭執。在長輩面前，保持與伴侶的一致性和尊重至關重要。避免直接在孩子或長輩面前爭論教育方式的高低，這不僅可能加劇矛盾，還會給孩子帶來負面影響。當分歧出現時，選擇私下溝通，用建設性和尊重的態度表達觀點，同時傾聽長輩的想法，尋找共識點。可以提議定期舉行家庭會議，以平靜、開放的心態討論育兒話題，讓每個人都有機會發言，共同尋找最符合孩子利益的解決方案。

不受力的思考

家，不是毫無風暴的所在，而是須學會在風暴中翩翩起舞的港灣。

在處理與長輩的教育觀念差異時，當我們學會了在尊重與理解的土壤中栽種溝通的種子，它便能生根發芽，綻放出和諧共融的花朵。每個家庭都是獨一無二的交響樂團，不同的樂器、不同的旋律，只有當每個音符都被賦予理解和尊重後，才能演奏出最動人的樂章。如果你能以愛為指揮棒，引領這場跨越世代的合奏，孩子才能在這美妙的音樂中茁壯成長，學會尊重、理解與愛，成為連結過去與未來的橋梁。

在整個過程中，最重要的是作為父母也在不斷的學習和成長，學習如何在挑戰中尋找機遇、如何在差異中看見互補，以及如何在衝突中孕育共識。最終你會發現，這不僅僅是關於如何教育孩子的旅程，更是一場自我發現與提升的旅程。

第三章

培養不受力的人生態度

1 不內耗，你才是自己人生的第一順位

朋友約你週末出去，但你不想去，該怎麼回答？剛從上一家公司跳槽，前東家就宣布大幅漲薪，你作何感想？親戚跟你家借錢，但沒說什麼時候還，該怎麼辦？如果你會因上述任何一個場景感到為難、難受，我建議你停止內耗，不為不值得的人和事消耗自己。但我猜你一定會覺得說起來容易做起來難，對不對？

所以在此之前，你需要理解，內耗為什麼會發生，與內耗的本質究竟是什麼？

古羅馬斯多葛學派哲學家塞內卡（Lucius Annaeus Seneca）曾說：「折磨我們的往往是想像，而不是真實。」

為什麼朋友約你出去，會引起你的內耗？這源於你對友情維繫的過度擔憂。害怕拒絕會引發誤會，擔心朋友會因此認為你不重視這份友情，或是怕失去共同活動

所帶來的親密感。

這種內耗的背後是對人際關係脆弱性的恐懼，以及對個人決定可能帶來負面後果的過度想像。你可能在心裡反覆權衡，是犧牲個人的意願去滿足對方的期待，還是堅持自我但面臨可能的社交壓力？

為什麼前東家大幅漲薪，也會引起內耗？因為這關乎自我價值的認同與對自己選擇的質疑。你可能會感到後悔，懷疑自己是否做出了正確的跳槽決定，擔憂自己是否錯過了應得的利益，甚至質疑自己的職業判斷能力。

這種內耗來源於對過去選擇的遺憾、對未來的不確定性和對當下選擇的不堅定，讓你在「假如當初」與「現在怎樣」之間徘徊，消耗著精神能量。

這就像張愛玲的小說《紅玫瑰與白玫瑰》裡說的那樣：「也許每一個男子全都有過這樣的兩個女人，至少兩個。娶了紅玫瑰，久而久之，紅的變成了牆上的一抹蚊子血，白的還是窗前明月光；娶了白玫瑰，白的便是黏在衣服上的一粒飯，紅的卻是心口上的一顆朱砂痣。」

為什麼借錢的明明是別人，卻引起你的內耗？這是因為人與人之間的關係複雜而微妙，尤其是涉及金錢時，更容易觸動敏感神經。親戚借錢沒提還款期限，引發的內耗不僅僅是因為金錢本身，更多的是因為觸及了信任、界限和公平感。你可能會擔心直接提出還款條件，會傷害親戚感情、破壞家族和諧，這種顧慮的背後，是對親情紐帶和社會角色期望的尊重與維護。

同時，你也可能在內心深處對自己設定的邊界產生懷疑，猶豫是否應該為了保持表面的和平而選擇隱忍。

內耗展現出你在個人權益與維護家庭關係之間的艱難平衡，是情與理之間的拉扯。既不想成為冷漠無情之人，又不願自己的善良被無休止的利用，這種內心的矛盾與掙扎，使你在維護自身利益與顧及親情之間搖擺不定，消耗了大量的心力。

所以，內耗的本質是內心衝突與能量的消耗。它源自面對外部環境與內部價值觀、情感需求之間的不協調時，所產生的自我掙扎。這種掙扎不僅展現在對當下決策的猶豫不決，更深層次的反映了你在自我認同、價值取向、與人相處模式上的矛盾衝突。而在這些情境中，你不僅是在權衡具體的行動方案，更是於內心深處進行一場關於自我認同、自尊、價值實現與情感調和的深度對話。

也正是這些內心的糾結與博弈，讓你疲憊不堪、心力交瘁。真正讓你內耗的從來都不是事情本身，而是執念與較勁。

強者思維：允許一切發生

中國作家錢鐘書曾說：「洗一個澡，看一朵花，吃一頓飯，假使你覺得快活，並非全因為澡洗得乾淨，花開得好，或者菜合你口味，主要因為你心上沒有掛礙，輕鬆的靈魂可以專注肉體的感覺，來欣賞，來審定。」

心無罣礙，也就是允許一切發生，正是不內耗的強者思維。

創業家伊隆．馬斯克（Elon Musk）說：「我曾經也有很長一段時間都陷入在負面情緒的泥沼中無法抽離，什麼都沒做就覺得自己疲憊不堪，不斷琢磨別人對我的看法和評價，敏感、自卑、焦慮幾乎快把我淹沒了。後來，我才發現，最重要的就是不要在意別人的看法，如果你把所有精力都放在自己身上，光是弄好自己，就耗費了大量的力氣，哪還有剩餘的時間和精力去在意別人呢？成大事之前，先研究自己就好了。所以，人生的第一要事，就是把自己的感受放到第一位，當我們自身能量充足的時候，才有餘力去愛別人和這個世界。」

怎麼來理解呢？按照不同的等級，拆解為三個跨度四個境界。從第一境界到第二境界：你有你的計畫，世界另有計畫。

科普作家萬維鋼曾說：「你有你的計畫，世界另有計畫。」這番話起初聽起來似乎帶著一絲無奈，讓人感覺生命之旅彷彿是一場不由自主的漂泊，人生在世，身不由己。然而，其深意在於啟示我們：人生舞臺總有不期而遇的變數與驚喜，擁抱這份未知，正是智慧覺醒的起點。

我們雖無法主宰世間萬物，卻能駕馭自我對無常的回應。學會在風雨交加中輕盈起舞，而非頑固抵抗，方能在逆境中汲取前進的動力，增強生命的韌性。

以朋友約你週末見面，但你不想去的場景為例。這看似微不足道的生活偏差，實則是你有你的計畫，世界另有計畫的縮影。當你的靜謐時光遭遇世界的熱鬧邀請，內心的漣漪便自然泛起。

但是沒有關係，接納自己的真實感受。意識並承認自己當前並不想外出，這是尊重自我需求的第一步。每個人都握有依照自己的節奏生活的權利，無須因遵從內心而歉疚，這是成長的必經之路。

接下來提到，溝通的藝術在於溫柔而堅定。

如果對方比較強勢或敏感，你可能需要使用一點語言的藝術：「我真的很想去，但是最近太累了，週末需要好好休息一下，等我找個更適合的時間再約你，好嗎？」如果對方是比較要好的朋友，你可以直抒胸臆：「太累了，不去了。等我調整好狀態，再聚好不好？」這樣的回答既表明了你的真實計畫，又展現了你對友誼的珍視和重視對方感受的考慮，減少了拒絕可能帶來的誤解和隔閡。

以上的回答並不難，如果你能做到，說明你的不內耗水平已經從不知所措，獨自內耗的第一境界，抵達到日常小事，策略應對的第二境界。再來是第二境界到第三境界：所有的發生，都自有它的意義。

有時生活中世界的另有計畫，或許只在你的心湖中輕輕漾起幾圈漣漪，而有些時候，這些意料之外卻如同突如其來的風暴，給心靈的港灣帶來震撼，如正當你轉身離開一份工作，前雇主卻公布了顯著的薪酬提升福利。

畢業後，我兢兢業業的在第一家公司服務五年後跳槽了。然而，剛在新職位上落腳兩個月，卻傳來消息，前公司因新任首席執行長的政策，基層員工的薪酬一夜之間飆升了三〇%至五〇%。在與舊日同僚的偶然相聚中，他們言談間似乎在不經意的告訴我，我的這次跳槽顯得尤為不智。設身處地的你又會怎樣解讀這段經歷？

我也曾深陷於自責與悔恨的泥沼，感覺自己彷彿錯失了命運的黃金列車，整日沉溺於計算，如果當初堅守原地，如今的收入水平會有怎樣的變化，質疑這件事是否成了我職業生涯中最大的敗筆。直至一語驚醒夢中人：「所有的發生，都自有它的意義。」

儘管我未能把握那次收入暴漲的良機，但我因此踏上了一條截然不同的道路，開啟了一個全新的平行宇宙。在這個平行宇宙中，我或許能收穫超越想像的豐盛與燦爛。

時至今日，十幾年過去了。如果我未曾離去，生活或許將是一幅安逸寧靜的畫卷。但我深知，那樣一來我有極大的可能不會開始寫作，更不太可能在七年裡出版了十一本書，成就今日的我。如此可見，如果相信一切發生皆有利於自己，不管事情開頭如何，都將把它變成對的開端。那麼，你就可能進入第三境界：若將歲月開成花，人生何處不芳華。

從第三境界到第四境界：通透思考，果敢行動。允許一切發生，並非意味著毫無底線的順從。當外界的壓力企圖將我們置於被動，正如魚肉置於刀俎之下，我們豈能不為自己築起一道保護的稜角？沒錯，你的善良也要有點鋒芒！

所以，在事情尚未塵埃落定時，在一切行動之前，首要之事在於內心的透徹思考。這不僅是對情況的全面剖析，還是對自我價值觀的深刻覺察。唯有把思路理清，達成內在的和諧與統一，隨後採取的每一步行動才能堅實有力，幫助你真正破除內耗。

假如又有親戚來借錢了，你的母親在那裡嘆氣：「借還是不借，這是個問題。」在此刻，運用你的智慧，將借貸者分類考慮。

第一類，初次求援，尚有信譽。如果對方首次開口，而且素來守信，不妨量力而行，同時以此為契機，建立有效的借貸規則。「我願意此次助你一臂之力，但避免將來誤會，不如我們簡明記錄一下歸還的具體安排，好嗎？」

第二類，急迫危機，義不容辭。面臨醫療急救等緊急狀況，出手相助更多的是出於親情與道德的責任。「你的困境我感同身受，我願意幫助。但也是為了保持我們的長久關係，我們還是先明確還款計畫，確保雙方心安。」

第三類，頻繁借貸，信用透支。對那些屢借不還者，則需要堅決設立邊界。「你的困難我理解，但也請記得我之前的付出尚未得到回應。我需要對自己的財務負責，望你能體諒。如果需要商量其他解決方案，可以一起討論。」必要的時候，你甚至可以斷絕與對方的來往。畢竟，如果有些人在你生命中缺席能帶來平靜，那就不算損失。

透過這般深思熟慮後的差異化處理，你既沒有委屈自己，又不過分苛責他人。這正是不內耗的第四境界：智慧應對，和諧共生。到達這裡，你將不再內耗，更能在複雜的人際關係與自我的需求間遊刃有餘。

不受力的思考

真正的自由，不在於外界的風平浪靜，而是內心的波瀾不驚。當你學會與自我和解，每一處波折都成了塑造靈魂深度的刻刀。清楚自己人生的劇本——不是父母的續集，不是子女的前傳，更不是朋友的番外篇。

在朋友的邀約前堅持自我，於職場的轉折處看見長遠價值，在金錢的糾葛中尋找情理的平衡，你學會的不僅是以勇者的姿態行動，更是以智者的胸懷包容。

每一次挑戰不再是消耗，而是蛻變的催化劑，促使你不斷升級，從接受生活的波動，到主導內心的成長，最終達到心有猛虎，細嗅薔薇的人生境界。他強由他強，清風拂山崗；他橫任他橫，明月照大江。不內耗的你，擁有將所有經歷編織成詩的力量，無論風雨變幻，你自成宇宙。

2 不焦慮，一切都會有最好的安排

請設想這樣的一個場景：你正站立於一棟建築的四層樓高度，腳下的路徑僅由一條狹窄的木板構成，彷彿高空走鋼索般令人顫慄。試著在心中描繪這一刻的感受——那是一種怎樣的情緒湧動？

恐懼？無疑，源於對失足墜落的深深憂慮；緊張？自然，因為無數目光正從下方注視著你。但是請轉換視角，假設你是一名經驗豐富的雜技人員，習慣了高空漫步；又或者在你的正下方，有三層厚實的安全網靜靜鋪展，隨時準備迎接任何意外；再假設，你的腰間緊緊綁著一條救命的保險繩，哪怕偶有不慎，也能確保你安然無恙。甚至，試想同一塊木板，只是被安放於離地面僅四十公分的高度之上呢？

這一切設想揭示了一個道理：當確認自身安全無虞後，我們的理性思維便迅速占據主導，焦慮的烏雲難以再輕易籠罩你。

焦慮的本質

以上經典的思想實驗出自認知行為療法之父，全球知名心理諮詢師亞倫・貝克（Aaron Beck）之手，在他的著作《每個人都想學的焦慮課》（*The Anxiety and Worry Workbook*）中指出：焦慮之所以會產生，是因為人們高估了威脅或危險的可能性和強度。

根據貝克的理論，焦慮不僅僅是一種單純的情緒回饋，還是思維模式的產物。人們的大腦習慣性的對即將來臨的事件，進行前瞻性和評估性的思考，當這種評估過分強調並放大，潛在負面後果的存在及其可能帶來的衝擊時，焦慮便悄然而生。

簡而言之，我們不是害怕那條窄木板本身，而是害怕從上面掉落的結果，以及這一結果對我們身心、名譽等各方面的潛在傷害。

在日常生活的諸多場景中，譬如面對一次關鍵的工作報告、一場重大的考試考驗，抑或在公開場合演講的聚光燈下開口，你內心翻湧的焦慮實質上是對未來可能的挫敗景象的預想；擔心表現欠佳可能阻礙職業的向上之路，顧慮考試失利會錯失升學的寶貴門票，害怕在眾目睽睽之下失誤會損害你的社交聲譽與自我價值感。這些蜂擁而至的假設性災難——每一個萬一都構成了沉重的心理負擔，使得你在實際事件尚未來臨前，就已深陷焦慮的漩渦之中。

因此，焦慮的本質，是對未來不確定的「怕」。你的焦慮體驗，總是被林林總總的可能與萬一所包圍，驅使你陷入無盡的憂慮與不安。未雨綢繆本是智者之舉，但過度的提前焦慮卻彷彿讓你在遭遇現實困境之前，先在心理上承受了一次打擊。如此看來，焦慮，無疑使你遭受了雙倍的痛苦。

破除焦慮的策略

如何才能破除焦慮，不再為還沒發生的事情損耗自己呢？

首先，你要學會為焦慮命名，這是對你的焦慮進行管理的第一步。當我們無法給自己的焦慮命名時，對於焦慮，我們是缺乏情緒意識（Emotion knowledge）。情緒意識是指，我們能夠識別當下體驗和表達的情緒，並能認識到情緒的原因和後果，簡單的說，也就是我們到底知不知道所經歷的情緒來源是什麼。對焦慮命名，便是要求我們能夠明白，在眾多焦慮體驗中，最會引發我們焦慮的點到底在哪。而如果一個人缺乏這種意識，就會更加陷入焦慮之中。情緒意識本身會激發一種「努力控制」（effortful control）的心理過程。這種過程是我們主動、為之付出努力的一種情緒調節，它會引導我們接納情緒，並且透過個人探索，為情緒尋找出路。

以失業焦慮為例，雖然仍然是一個比較籠統的概念，我們可以透過更細緻的分析，將其拆解成更具體的焦慮點。失業焦慮可能被進一步拆解為經濟焦慮：擔心失業後無法負擔生活開銷，感到巨大的經濟壓力；自我懷疑焦慮：擔心自己失業後找不到合適的工作，懷疑自己的價值；未來規畫焦慮：擔心未來發展受阻，令自己的職業生涯前功盡棄。

對於不同的焦慮點，可以採取針對性的應對策略。例如，針對經濟焦慮，可以制訂詳細的預算計畫，甚至找到主業外的收入，積極開源節流；針對自我懷疑焦慮，可以學習新的技能，增加自己的不可替代性和職場籌碼。針對未來規畫焦慮，可以未雨綢繆，打造職業生涯備用計畫，一旦出現無法逆轉的不可抗力因素，可以做到心中有底。

將籠統的焦慮細化，不但可以降低焦慮的強度，更能使問題變得更加可控；透過積極的應對，增強自我效能感，提高應對壓力的能力。

不論哪種焦慮，一旦它不再只是心頭說不出、道不明的陰霾，反而能被你準確命名，那麼它就如同《哈利波特》（*Harry Potter*）中勇敢說出伏地魔的名字，讓你既有面對的方向，又有了戰勝焦慮的勇氣。其次，你可以使用三句話，作為面對焦慮的護身符：

第一句話：「我們絕大多數的焦慮，終歸只是虛驚一場。」

試想，在至關重要的演講前夕，你的心裡劇場或許正上演著一幕幕忘言、失色的橋段；而當你滿心歡喜的籌備著探索世界的旅程時，行囊中似乎已預先裝滿了遺失行李、錯失航班的憂慮；甚至在靜候一張體檢報告的時間裡，你也不由自主的在心裡勾勒出最不願見到的畫面。然而，生活的真相卻是，我們絕大多數的焦慮，終歸只是虛驚一場。

這背後的心理機制，我們稱之為「災難性想像」（Catastrophic thinking），一種心靈的錯覺，讓你不自覺的放大未來挑戰的陰暗面，其根源是內心的脆弱，或是往昔陰影的迴響。它足以激起身體的警鈴，讓虛構的恐懼如同親歷，令人淹沒在焦慮與恐慌之中。

值得欣慰的是，從災難性想像中解脫出來並非難如登天。心理學家湯瑪斯・吉洛維奇（Thomas Gilovich）在一九九九年的研究成果指出，在我們繁複的憂慮清單上，高達八五％的恐懼僅僅是心靈的虛張聲勢，從未真正降臨。甚至那二一％化為現實的憂慮，大多以遠比我們預設中以更為溫和的面貌出現。

因此，當下次焦慮悄然侵襲時，回味「八五％與二一％」這兩組數字，你會恍然大悟：「此刻困擾我的不過是些極小機率且過分悲觀的設想。這些消極幻想不僅消耗著寶貴的精神能量，還暗暗侵蝕著自身的行動勇氣和決策力。」認識到這一點，便是向擺脫無謂焦慮邁出的關鍵一步。

第二句話：「如果站在十年的尺度、宇宙的尺度，這還是一件大事嗎？」

你的焦慮，源於大腦習慣性的啟用了一種微觀審視的模式，這得益於它天生擅長在環境中，敏銳捕捉潛在威脅的能力。這樣的機制曾幫助我們的祖先，在遠古時代規避危險以確保生存。

然而，步入現代社會，這份對威脅的高度警覺，反而令你無限放大了周遭的風險。特別是當注意力無處安放時，那些被誇大的隱患便趁機填滿你的思維空間，營造出一種四面楚歌的錯覺，將你引向無力與消沉。

但這真的是周遭的真實寫照嗎？當然不是。焦慮的根源，其實是大腦的過度警覺、聚焦相互作用，將事物的風險無限放大，使其看似迫在眉睫、難以逾越。

正如透過望遠鏡看一頭襲來的猛禽，彷彿成了龐然大物，帶來緊迫的錯覺。然而移開鏡頭、拉開視角，你會發現看似逼近的猛獸實則遠在天邊，對你構不成威脅。之前的壓迫感，不過是你被即時視角所局限，忽視了現實中的安全距離。於是，一個簡易卻高效的策略浮出水面：面對焦慮，嘗試後退一步，拓寬視野，用更廣闊的時間維度、空間維度審視問題，那麼這件事情還是很重要嗎？

這種調整稱為「心理距離策略」（Psychological distance）。你與事件的心理距離越貼近，越易受影響；反之，距離越遠，越能冷靜、理智的分析，擺脫情緒的枷鎖。

確實如此，當你將視角投射至十年後的未來再回溯今朝，會發現眼下困擾不過是生命長河中一抹幾乎察覺不到的漣漪，甚至微小到不值一提。同樣的，若你跳脫至星際宇宙（一九九二年二月，人類探測器「旅行者一號」在距離地球六十四億公里外，拍攝下了著名的「暗淡藍點」照片），從那裡眺望地球，你會發現即便是承載我們全部悲喜的這顆星球，也不過是浩瀚宇宙中一抹暗淡藍點。

當心靈的鏡頭拉遠，那份曾緊攥不放的恐懼、纏繞心頭的憂慮，便會現出它們的真面目——不過是心靈劇場中的錯覺與虛影，是情緒迷霧中的泡影。

第三句話：「一困惑，邁步外出；一具體，入微見著；一行動，創變自來。」

如果令我們焦慮的事件，有很大的機率會成真，怎麼辦？這第三句話，就是最好的應對。它分成三個短語。

一困惑，邁步外出。這不僅僅是地理位置的遷移，更是心靈的一次旅行。象徵著從熟悉的環境和受限的思維模式中抽離。無論是步入自然的懷抱，還是簡單的更換工作場景，甚至是心靈的短暫飛翔，都足以讓新鮮的視角和靈感湧入。

在這一過程中，學會從旁觀者的角度審視自己的困擾，同時，觀察他人的應對之道和最佳實踐，很有可能為你找到解決問題的新視角、新靈感和新策略。

一具體，入微見著。焦慮的反義詞是具體。將宏大的焦慮細化為一個個可觸碰的任務，是轉化焦慮為動力的祕訣。抽象的憂慮如同一團迷霧，遮蔽了前進的道路，但當你將之拆解為一件件具體事項時，迷霧便散去，路徑變得清晰可見。正如將大型專案的壓力化解為每日的工作清單，每完成一項，都是對焦慮的一次勝利宣言，讓你離目標的完成更近一點。

一行動，創變自來。天下之事，總是困於想，而破於行。行動，是所有想法與計畫的試金石，不僅能夠直接緩解焦慮，更是在實踐中開闢出創新的沃土。

當你身體力行的投入到解決困難的過程中，原先的設想與現實的碰撞，往往會激發出未曾預料的解決方案。這不僅是因為在行動中不斷適應與學習，更是因為實踐教會你如何在不可能中尋找可能，讓創意的火花在挑戰中熊熊燃燒。每一次的嘗試和努力，都是通往創新與自我超越的堅實步伐。

不受力的思考

不是風平浪靜造就了強大的內心，而是駕馭風雨、破浪前行的勇氣與實踐，讓你學會了如何在挑戰中舞蹈，將焦慮的鎖鏈轉化為翱翔的翅膀。

真正的成長與自由，不來自於逃避或消除生活中的所有挑戰與不確定性，而在於你如何面對它們。正如古羅馬哲學家愛比克泰德（Epictetus）所說：「人不是被事物本身困擾，而是被他們關於事物的看法困擾。境隨心轉，我們其實都活在自己的觀念當中。」悲觀者，困於當下；樂觀者，贏得未來。

3 不必為滿足他人的期待而活著

你可能聽過這個故事：

在一座古橋的陰影下，一位衣衫襤褸的行乞者安靜的坐著。一日，一位衣冠齊整的紳士，輕輕的停在他的面前，遞上一張十元紙幣。行乞者的眼神閃爍著感激，這份意料之外的溫暖如同久旱逢甘霖，讓他倍感振奮。此後的每一個日出日落，紳士的身影總伴隨著同樣溫暖的十元，持續了一年有餘，成為兩人之間無言的約定。

然而，世事無常，有一天紳士再次出現，手中僅握著五元錢。行乞者滿腹疑惑，小心翼翼的詢問緣由。紳士輕歎一口氣，溫和的解釋：「家中新添稚子，肩上的擔子越發沉重，不得不為孩子的未來精打細算，一分一毫都須謹慎。」

紳士本以為這番話能贏得對方的理解，未料卻激起一陣不悅。行乞者的聲音中夾雜著不解與責備：「你生活如此優渥，為何偏偏要在給我的這點錢上斤斤計較？」這一刻，紳士感到一陣錯愕，他未曾料到，自己不計回報的善意，竟在對方心中悄然生根，成了一種應得之物。

再讀這篇小故事，你有什麼感悟嗎？是悲嘆人性的貪婪，還是為紳士鳴不值呢？但這些並不是我想說的，我真正想和你分享的是：「你對別人好一百次，對方可能都記不住，但只要有一次不滿足，就會抹殺之前所有的付出。這就是著名的「一百減一＝零定律」。如果你覺得上述故事稍顯離奇，那麼讓我們來看一個貼近生活的日常片段吧。

一位母親日復一日的精心為家庭準備清晨的餐食。某個早晨，她特意烹製了豆腐魚湯麵，滿懷期待的等待著兒子和丈夫品嘗後，臉上洋溢出滿意的微笑。然而，丈夫的回饋卻是：「今天為什麼沒有荷包蛋？我就算了，孩子在長身體，缺乏營養怎麼辦？」

置身於這位母親的位置，你的心境如何？即便是炎炎夏日，是否也會感受到一股寒流直擊心底？

小說《人間失格》裡有一句金句：「無論對誰太過熱情，都會增加不被珍惜的機率。」家庭場景如此，職場也一樣；中國作家莫言曾說：「如果你勤勤懇懇，在公司任何事都大度忍讓。那恭喜你，用不了多久，你就成為公司內心照不宣的軟柿子。什麼麻煩事都會甩給你、誰都敢欺負你兩下子，加班最多，升職加薪還偏偏沒有你。」

越討好，越卑微。以上這些，都是疼痛的領悟。討好的下場，就是越來越容易讓別人看輕我們的價值，在關係中逐漸失去平等與尊重的基礎。

可是，為什麼我們會忍不住的想去討好他人呢？這是因為，你可能具有「討好型人格」。

什麼是討好型人格？

討好型人格，也有人稱它為「取悅症」（The disease to please），這是一個在心理學領域頻繁被提及的概念，指那些過分在意他人感受、渴望得到外界認可，而不斷犧牲自我需求與模糊界限的人格特質。

這類人常常活在他人的期待之中、害怕拒絕他人，即使內心百般不願，也會勉強自己迎合與討好，久而久之，失去了自我，也模糊了個人的界限。在人際關係的舞臺上，具有討好型人格的人如同不知疲倦的演員，戴著面具，扮演著他人期望的角色，卻唯獨忘記了自己原本的模樣。他們把愛與接納的鑰匙交給了周圍的每一個人，卻忘了給自己留一把。

在絕大多數的討好型人格中，有兩大關鍵要素扮演著重要的作用：「讓別人高興」與「害怕衝突」。在這兩大要素的綜合作用下，我扮演起一個服務員的角色，幾乎每時每刻都在小心謹慎的關照你的情緒，而我卻忘記了，你與我之間本該是平等的。

三類典型的討好型人格

美國臨床心理醫生和管理顧問海芮葉．布瑞克（Harriet Braiker）在其著作《取悅症》（*The Disease to Please*）中指出，討好型人格通常可以被分為三類：

第一類：認知型討好

認知型討好的核心在於，將自身與他人捆綁在一起，透過滿足他人來獲得自我價值感。這一套內在邏輯表面上沒有矛盾，實則偏差頗大。通常來說，認知型討好者深信，無條件的友善終將收穫對等的善意；一旦遇到冷淡回應，便立刻自我反省。他們的世界觀像一把放大鏡，將生活中的任何不順遂，都聚焦為自己的過失，不懈追求外界的喜愛與肯定，以免留下任何可能引起不滿的痕跡。

這種心態不僅樹立了對他人不切實際的期望，還讓自己在渴望回報與頻繁失望之間往復且身心俱疲。在壓抑中扮演快樂，每一次期望的落空都是對自己的一次重擊，促使他們加倍努力迎合他人，由此形成一個不斷重複的循環。與之相處的人，往往也能感受到這份沉重，令人倍感壓力。

第二類：習慣型討好

習慣型討好者將迎合他人視作日常例行公事，彷彿是一臺精確運行的機械裝置，對周遭人的細微需求保持著超乎尋常的敏感度，並極度渴望得到外界的肯定。在無私奉獻後，若未能即刻收穫感恩之情，他們便會體驗到被遺忘的寒意，其自我價值彷彿只能藉由外界的積極回饋來確認，使得成就感與自信心如同晨露，日日蒸發，迫使他們不斷踏上新的征程，以求更多的外界認可，來驗證自己的存在感與價值感。

這一模式，我在我的另一本書《自律上癮》中曾經提及，它實質上呈現為一種行為成癮的特徵，循環在觸發、行動與獎勵之間，偶爾獲取的讚美與感激如同偶然的獎賞，帶來強烈卻短暫的愉悅感，驅使他們不斷的拓寬討好的疆界，以圖更多此類短暫的滿足。

第三類：逃避型討好

逃避型討好與其他討好類型的主要區別，在於其深層的動機驅力。相較於認知型討好者和習慣型討好者追求外界的讚許與接納，逃避型討好者的行為核心在於躲避內心的不適——包括負面情緒、潛在傷害和孤獨感。

逃避型討好者基於過往的經歷，學會了利用討好作為一種防禦策略，以緩和可能遭遇的痛苦。他們對潛在負面情境的預測尤為敏感，一旦嗅到衝突的氣息，便立刻啟動討好模式，試圖繞過不愉快，卻在這一過程中失去了，學習衝突解決能力的寶貴經驗。

三個策略擺脫討好型人格

作家畢淑敏說：「我們的生命，不是因為討別人喜歡而存在的。」我們必須採納針對性強且行之有效的策略，以解除討好型人格對我們精神受力的束縛。

第一個策略是摒棄「應該模式」。認知型討好者腦海中充斥著種種應當與必須，如同接踵而至的定時鬧鐘，諸如「我應該這樣行事」、「我必須那樣做」、「我得保證別人快樂」、「不可展現不滿」。這些應該的觀念從何而來？顯然，並非與生俱來，實際上是來自外界期望的回聲，教師、父母等的聲音在你頭腦中放大，以至於掩蓋了你內心的真實想法。

破解之道在於轉變語言模式，將那些應該替換為「如果我願意，我可以選擇……。」比如，將「我應該永遠讓他人滿意」轉變為「如果我願意，我可以考慮滿足我在乎之人的期望」。

這樣的轉變為你保留了選擇權，強調了這是一種主動選擇，而非外界強加的規定。並且明確指出，並非需要滿足所有人，重點關注的是對你重要的人。純粹是一種自願行為，而非強制任務。這一小小的調整，足以幫助你清理大量的心理負擔。

第二個策略是學會拒絕。對於討好傾向的人來說，說「不」極其艱難，他們似乎總是難以擺脫老好人的標籤。答應他人請求，往往意味著獲得認可的機會，久而久之，人們習慣性的將你看作免費勞動力，這無疑會消耗你的精力。

拒絕真的那麼困難嗎？對於討好型人格而言，確實不易，因為拒絕常伴隨著強烈的內疚感，感覺自己自私至極。解決方案在於——運用拖延策略，拖延在這裡變成了一種有用的工具。當有人請求幫助而你不想答應時，不妨先拖延，這樣既沒有直接拒絕，讓心理壓力先減輕，同時隨著時間推移，對方自然會明白你的立場，你也不會再被他人的要求所牽制。

第三個策略，也是最關鍵的一環，學會自我肯定。討好型人格往往自我效能感低下，他們將自己的價值過度寄託在他人的評價上，對拒絕他人或被他人拒絕都感到痛苦。其根源在於他們內心深處——對自己總是不滿意。

如何找到自我效能感？解決之道是建立自己的成就記錄，正如《小狗錢錢》（*Ein Hund namens Money*）一書中所提倡的「撰寫成功日記」，讓自己的成就視覺化。以此逐步構建內在的自我效能感，賦予自己強大的內心力量，使自身不再依賴於討好他人來獲得自我肯定。

不受力的思考

在討好與被討好的微妙平衡中尋找自我，是一場漫長的內在革命，但它教會我們最重要的課題——如何在複雜的人際關係中，既保持善良與溫暖，又不失獨立與自我價值。

你值得被世界溫柔以待，但這首先源於對自己的溫柔與尊重。在討好與自我實現的天秤上，願你能找到那個讓心靈安穩的平衡點。

4 先求完成再求完美

請你想像在面試中，面試官突然拋出那個經典問題：「能否聊聊你的不足之處呢？」此時，你心中是否會閃過這樣一個完美回答：「我最大的缺點，就是過於追求完美。」

乍一聽，完美主義彷彿是積極向上、精益求精的代名詞，它披著光鮮亮麗的外衣，承諾著不斷進步與卓越成就，彷彿是推動你向前的無限動力。然而，事實卻像童話故事裡，拆穿了沒穿衣服的國王一般，完美主義這位看似優雅的公主，實則手持魔杖，漸漸將你變為一個猶豫不決、消極悲觀、行動遲緩的醜小鴨。在這份美麗的負擔之下，彷彿踏入了自我設限的泥潭，每一步都沉重無比，逐漸束縛住你前進的步伐，讓本該色彩斑斕的人生變得步履維艱。

完美主義如何禁錮你的人生

為什麼這麼說？你是否從小到大聽過這樣一句話：「要麼不做，要做就要做到最好！」這句話與許是年幼時父母寄予的厚望、校園中老師激勵的話語，又或是職場前輩擲地有聲的鼓勵。但換個角度想想，如果這時你正打算揮毫潑墨，撰寫一篇大作，而你的心中全程迴響著不鳴則已，一鳴驚人的聲音。你猜，你下一步會怎麼行動？真相往往是：乾脆不動筆。

這裡說的不是不願意寫，而是被完美二字綁住了手腳，不知道該如何邁出那看起來必須驚豔四座的第一步。於是，文章的開頭在你腦海中反反覆覆，寫了擦、擦了寫，一個早上一眨眼就過去了，但紙上仍是一個完整的句子都沒寫下。

完美主義讓你在渴望成為贏家的同時，也背上了輸不起的重擔，生怕第一步就跌了跤。

心理學相關的研究也證實，追求完美的心態確實可能成為表現的絆腳石。在一個有趣的實驗中，研究人員招募了五十一位女大學生，先測量了她們的完美主義傾向，隨後開啟了一個挑戰：將一段文字精簡，同時保證原意不變。出人意料的是，那些在完美主義測試中得分較高的學生，在這場精簡文字的比賽中，竟然遜色於那些完美主義傾向較弱的同學。這背後的原因何在？

專家們一語道破天機：當完美主義的弦繃得太緊，就如同將大腦的注意力調至滿格，這種高強度的聚焦實際上抑制了潛意識的流暢運作。換句話說，你越是緊盯完美不放，你的大腦就越像被完美這個念頭，占據了大部分記憶體，反而擠壓了創意和靈活思考的空間，導致表現不如同等條件下，心態更為輕鬆的人。這就好比，你越是想在舞臺上準確無誤，聚光燈下的緊張感就越可能絆住你自然舞動的腳步。那怎麼辦？想要擺脫完美主義對精神的受力，你需要理解完美主義三種類型的特點及其解決策略。

第一種類型：過高期待

大女兒問爸爸：「現在大家擁有的物質條件充沛，怎麼還是覺得不幸福呢？」爸爸沒直接說答案，而是溫柔的問她：「記不記得昨天吃的那些好吃的橄欖？還想吃幾個？」大女兒想都沒想：「再給我十個！」爸爸笑著給了她五個，結果大女兒臉上有點不高興了。

後來，爸爸叫來了小女兒，問了同樣的問題。小女兒眼睛亮晶晶的，輕輕說：「我再要兩個就好。」爸爸不僅給了她兩個，還多給了一個。小女兒開心的上竄下跳，那快樂的樣子藏都藏不住。

爸爸趁這時候跟大女兒解釋：「我們想要的東西越來越多，好像心裡的期望也跟著長了翅膀。就算得到的比需要的多，可要是沒達到心裡的高目標，還是會覺得不開心。你妹妹那麼高興，是因為她得到的比想要的還要多；而你覺得不太如意，其實就是你想要的和你得到的沒畫上等號。」說完這些，大女兒像是明白了什麼。

看到這裡，你心裡可能會想，如果我們都不抱過高期待，會不會每個人都選擇躺平，整個社會都會陷入低欲望呢？

其實並不會，因為期待，可以分為總體期待和具體期待兩類。最好的組合是：你的總體期待較高，但具體期待較低。該怎麼理解呢？

總體期待是你對自己的長期預期，它決定了你是一個什麼樣的人、你將成為什麼樣的人，它是你個人成長的天花板。例如，我對自己的總體期待是寫五十本書，希望其中的一兩本書能在這個世界上留下一點點痕跡，這個總體期待讓我在一個較長的時間裡，有很強的動力去積極努力向上。

具體期待則是針對我們每天遭遇的各種情況，比如與人交往、工作、收入、運動等各個方面的期待。如果你希望寫出一個完美的簡報，就會產生對於是否會受到主管表揚、同事稱讚等的具體預期，而這正是問題的癥結所在：完美主義會成為你製作這個簡報最大的破壞者。

很多被完美主義困擾的人，剛好是對總體期待較低，而對具體期待較高的人。因為他們對總體期待較低，所以他們往往缺乏長遠的人生目標激勵自己，這使得他們在日常的具體事務中過分糾結細節，追求每個環節的絕對完美。像是，如果一個人的總體期待僅僅是維持現狀、不求突破，那麼他在準備一份報告時，可能會因為字體大小、顏色搭配這樣的細節而耗費大量精力，期望每一次呈現都是無瑕的。

這種對具體事務的過分高期待，不僅消耗了寶貴的時間和精力，還容易因為難以達到預期而造成挫敗感，進而降低了自我效能感和總體幸福感。因此，成為不完美主義者，並非意味著放棄追求和努力，而是學會區分和調整這兩種期待。保持較高的總體期待，意味著你對自己的人生有明確的方向和積極的展望，這能夠激發內在的動力，推動你不斷前進，探索未知，勇於接受挑戰。

同時，降低具體期待，意味著在實現這些長期目標的過程中，你能夠更加寬容的對待自己和周遭的不完美，認識到完成比完美更重要，進步與反覆運算更重要，每一次嘗試和努力都是向前邁進的一步，即使結果略有瑕疵，也是成長的一部分。

長期高標準，短期低要求，這是一種智慧。

第二種類型：糾結不放

糾結不放者，總是過分關注自身的問題或引發問題的原因，並經常對自己過去的表現感到自責。如果要確診自己是否為糾結不放者，你不妨問問自己，是否經常有以下行為：

- 是否經常陷入對過去事件的反芻式思考，難以釋懷？
- 是否過於關注外界的評價和認可，而忽略了內心的感受和成長？
- 心中是否常有一個聲音在迴響：「要是當初……就好了？」

總是糾結不放的人，應該如何自救呢？答案是：你需要學會「導航思維」。

什麼是導航思維？設想你在開車前往目的地的途中不慎誤入歧途，這時導航系統總能迅速回應，基於當前所處位置，無視過去的偏差，立即規畫出一條全新的、最高效的前行路線，確保你能繼續向目標前進。

同理，在面對生活的種種挑戰與抉擇時，導航思維促使我們馬上從現有的處境出發，不拘泥於過往的錯誤或原因的探究，而是集中精力於如何有效應對和如何最佳化前行，這是一種面向解決方案的積極思考模式，旨在指引我們以最智慧、最直接的方式抵達心中的彼岸。

這個世界上，有兩類事件。一類事件無法挽回不可修復，另一類事件則有補救的餘地。

針對無法挽回的事件，我們需要學會接受和放下，將焦點轉移到如何從中吸取教訓，避免未來重蹈覆轍，這是導航思維的第一步。我們不能改變過去，但我們可以決定未來如何不同。正如《論語》中所說：「往者不可諫，來者猶可追。」

對於有補救餘地的事件，導航思維則要求我們立即採取行動，制訂具體的行動計畫，一步一步修正錯誤或改善狀況，而不是沉溺於問題本身，這樣只會徒增焦慮。就像你的電腦出了故障，與其懊惱為何會出現這個問題，不如直接查找解決方案，動手修復或尋求專業幫助。

有一年夏天，我們一家老小懷抱著對英倫風情的無限憧憬，早早出發奔向上海浦東國際機場。晨光微露中，汽車穿梭在空曠的街道，最終穩穩停在了機場旁巨大的停車場內。正當我們滿懷期待的準備卸下行李，愛人猛然發現，我們的航班起點是上海虹橋機場。我腦海中頓時浮現出疑惑：「國際航班不是都從浦東機場啟程的嗎？」翻閱著手中的電子機票，那些密密麻麻的英文彷彿編織成一張複雜的網，直到仔細辨認，我才恍然大悟，原來我們的旅程需要在北京首都國際機場中轉，那裡才是飛往英國倫敦的第一站。

那一刻，我瞥見腕間手錶的指針無情的轉動，心中湧起一陣緊張。然而，理智迅速占據上風，我告訴自己此刻需要冷靜分析，就像駕駛時重新規畫導航一樣。於是，一個應急計畫迅速成型：岳父當仁不讓的握緊方向盤，重新發動車輛，目標鎖定在虹橋機場；而我與愛人，則在車輛疾馳中，於後排座位上緊張但有序的討論著每一個可能的應對策略，彷彿兩位並肩作戰的謀士。

在這場與時間的賽跑中，每分每秒都被精心計算：如何在虹橋機場迅速找到停車位，怎樣高效穿越熙熙攘攘的候機人群，以及如何在最短時間內完成安檢流程等，每個環節都預設了應急方案。汗水與心跳交織，在緊張而有序的行動中，我們幾乎能聽到時間滴答作響。

最終，就像是電影裡的高潮片段，當停止檢票飛機即將展翅高飛的前一刻，我們滿載著行李與緊張過後的釋然，氣喘吁吁的踏入了機艙。艙門緩緩關閉，伴隨著空姐溫柔的提示聲，我們相視一笑，慶幸旅程的劫後餘生。

糾結不放是本能，導航思維是本事。

這次意外的小插曲，非但沒有成為旅行的阻礙，反而如同一場突如其來的冒險考驗，讓我不禁在事後感到一絲暗暗的自豪。

第三種類型：害怕犯錯

面對一次演講的邀約，你會不會立刻不假思索的答應呢？或許，在那瞬間的心動與遲疑間，藏著每個人共有的祕密——對失誤的恐懼和迴避，哪怕專業人員也是如此。

以籃球場上的罰球為例，數據顯示：主場球員在比賽尾聲的關鍵罰籃投球上，命中率意外走低，而搶奪進攻籃板時卻格外英勇。這背後是主場的雙面刃，在享受觀眾慷慨激昂的支持外，也背負了沉甸甸的期望。每到千鈞一髮之際，充斥著不容有失的內心獨白，滿載著對團隊和粉絲的責任感。

這份沉重反而像是頭上套了個塑膠袋，壓力讓他們感到窒息，從而導致最後在罰球線上留下遺憾。

害怕犯錯的完美主義不僅展現在體育領域，對於普通人來說，害怕錯誤會滲透到生活的各個方面，包括工作、學習甚至人際關係中。人們害怕犯錯，往往是因為錯誤與失敗、能力不足或者與丟臉聯繫在一起。這種恐懼有時會變得如此強烈，以至於我們可能會下意識的選擇，避免挑戰或做新的嘗試，以免暴露自己的不足。

如何才能克服害怕犯錯的心理呢？一個有效的策略，是實踐「二進位思維」。

什麼是二進位思維？二進位思維的概念源自電腦學科中的二進位系統，這是一種僅含兩個基本元素——零與一的計數系統，構成了現代數位化技術的基石。

在電視信號的傳輸中，存在著兩種模式：類比信號與數位信號。數位信號，本質上是二進位數據的流動，它能夠被解碼成清晰的圖像。即便數位信號弱，只要能夠接收到信號，最終展示的圖像依舊完好無損；相反，類比信號若強度不足，圖像品質則會大打折扣，顯得模糊不清。

在日常生活中，諸如進行一場演講、寫出一篇文章，如果我們都把它看作可以無限進步的類比信號，那麼當害怕錯誤的心態來襲時，這種心態就會讓你躑躅不前、精神受力。

但如果你把這些行動本身就當作一個二進位的任務呢？只要你上臺講了、提筆寫完了，你就已經完成一次二進位的編碼與解碼，那麼在你的內心深處，是否就會少一些對完美的苛求，多一份對嘗試的肯定呢？換言之，二進位思維鼓勵你看待事物從完成與否的角度出發，而非完美或失敗。當你站在臺上，無論是否緊張，只要完成了演講，那就是一，是成功；當你落筆收尾，無論文稿是否充分潤色，你已書寫完畢，這也是一，是成就。

這種思維方式轉變的關鍵在於，它能幫助你重新定義成功與失敗的邊界。不再追求每個細節的無瑕，而是著眼於任務的完成。這樣一來，錯誤不再是不可觸碰的禁忌，而是成長道路上不可避免且寶貴的回饋。每次嘗試，無論結果如何，都是向完成這一目標邁進的一步，而非滑向失敗的深淵。

不受力的思考

漫畫《灌籃高手》的結局中，湘北雖然贏了在全國大賽上保持不敗戰績的山王工業，卻在後續賽事中失利。有人問漫畫家井上雄彥，為什麼不讓湘北奪冠呢？

他說：「因為青春時的夢想，往往都是不完美的。」就像小說家馬克．吐溫曾說的那樣：「取得領先的祕訣是先開始。」在不完美的旅途中，我們學會如何以更寬容的心態擁抱自我、以更堅韌的步伐追逐夢想，而這份勇氣與智慧，正是成就多彩人生的瑰寶。

5 學會「課題分離」

你是一個控制欲很強的人嗎？你曾感受過控制欲對你的反噬嗎？在這個充滿不確定的時代，追求秩序與掌控感似乎是人之常情，但當這份追求轉變為對他人的過分干預，控制欲便會悄然侵蝕人際關係的和諧，讓你的內心無法平靜。

在強烈控制欲的驅使下，我們或許贏得了他人表面的順從，卻在不知不覺中，失去了更寶貴、珍惜的東西——親子關係的和諧、親密關係的信任，以及職場關係的合作。

控制欲如同一把雙面刃，它源於對未知的恐懼，試圖透過掌握一切來獲得安全感；另一方面，過度的介入也讓關係中的彼此受傷、窒息和抵觸。

控制欲如何讓你的精神受力

第一，控制欲會危害親子關係。

一九四六年，英國醫學研究委員會（Medical Research Council，簡稱MRC）發起了一項國民終身發展研究，這項研究從一九四六年起，調查了五千三百六十二位年齡介於十三至六十四歲的參與者，持續追蹤其心理健康狀況。倫敦大學（University of London）於二〇一五年發布了這項研究的報告。

研究發現，那些在童年時期認為父母更關心他們、心理控制較少的人，在一生中更有可能感到幸福和滿足。與父母心理控制較少的人相比，童年時期父母心理控制較強的人，在成年期的心理健康狀況明顯較低，他們幸福指數低落、更容易憂鬱，其影響程度類似於剛失去親朋好友。

關愛和過度控制之間的界限非常微妙。而中國的家長尤其容易越線，把控制欲認為是對孩子的關心。如果家長沒把握好這個尺度，如果不懂得隨著孩子的成長，調整自己的教育方式就會容易越界，把愛變成了控制，對孩子造成許多負面影響。

心理學家哲學家埃里希·佛洛姆（Erich Fromm）曾說：「教育的對立面是操

縱，它出於對孩子潛能的生長缺乏信心，認為只有成年人去指導孩子該做哪些事、不該做哪些事，孩子才會獲得正常的發展，然而這樣的操縱是錯誤的。」控制欲強的家長同時會傷害孩子的內驅力和依戀模式。

控制欲強的父母，為孩子包辦太多，替孩子做很多本該自己做的事情，承擔了孩子應該為自己承擔的責任。而自主性是人格的核心支柱，能夠自主選擇是做人的基本價值。父母包辦一切最終會導致孩子喪失內驅力，形成不了自主性人格。控制欲強的家長以愛為名，給原來應該無條件對孩子的愛捆綁上ＫＰＩ（關鍵績效指標），目標導向太明確，反覆強調某個目標，甚至不斷的暗示如果不實現這個目標，你會有什麼樣悲慘的後果。

這在孩子看來是極其恐怖的事，弱小的孩子為了獲得依戀，便扭曲自己以迎合父母。這樣的孩子更容易自卑、依賴性強，並且沒有主見。當父母的愛中帶著強烈的束縛時，孩子感受到的只會是沉重的負擔。如此一來，孩子更容易變得固執、敏感，情緒管理能力差。

第二，控制欲讓親密關係變得令人窒息。

讓我們來思考一個場景。如果你的伴侶總是表現出強烈的控制欲，請想像一下這種關係會有多麼令人不安：

- 經常要求查看你的手機，並且未經允許就私自刪除你的異性好友。
- 當你晚上九點還沒回家，就開始不停的打電話和傳訊息催促。
- 要求你必須隨時回覆訊息，保持緊密的聯繫，即使忙碌的時候也不例外。
- 不允許你穿著時尚或引人注目的服飾，總是試圖限制你的自由和個人風格。
- 總是試圖讓你改變，以符合他的期望和標準，如拖鞋必須放整齊、廚房必須一塵不染等。

身處這樣的關係之中，你是否會感到極度的壓抑和想要逃離？

隨著時間的推移，這種持續的壓力和不斷的監控，可能會逐漸侵蝕你的自尊心和個人空間。你可能會發現連自己都開始質疑自身的判斷力，甚至在做一些簡單的決定時也感到猶豫不決。還會發現自己的朋友圈變得越來越小，因為你擔心伴侶的反應而不敢與他人保持聯繫。甚至，你可能會發現自己為了維持和平，而不得不放棄一些原本珍視的興趣愛好和社交活動。

現在請暫時放下想像，你並沒有這樣控制欲爆表的伴侶，自己也不是這樣的另一半。這個想像只是為了讓你設身處地的體驗一下，如果我們對伴侶施加過強的控制，總是希望改變對方，是否也會讓對方感到窒息和壓抑。

第三，控制欲讓人際關係崩塌。

在某公司，有一位主管因其顯著的控制傾向而聞名。他的影響力無孔不入，從日常的跨部門溝通，到重大專案的實施，他始終堅持一手遮天，幾乎不容許團隊成員有自己的想法。

隨著時間推移，即便團隊成員意識到他的某些決策與市場趨勢相悖，也沒有人敢於發聲，團隊氛圍逐漸演變成一種盲目的遵從。在這樣的背景下，即使面對明顯的決策失誤，團隊也只能無奈的遵循指令，眼睜睜的看著寶貴的機會逐一流失，最終導致失敗。最終，這位主管因重大決策失誤而被公司辭退，而這無疑是對過度控制一次深刻的警示。

俄羅斯作家尤里・邦達列夫（Yuri Bondarev）曾說：「人類一切痛苦的根源，都源於缺乏邊界感。」控制欲太強的人，唯有建立邊界感才能找回和諧的關係和持續成長的路徑。可是具體要怎麼做？一個有效的方式，學會「課題分離」。

課題分離的原則

什麼是課題分離？它是個體心理學創始人阿爾弗雷德・阿德勒（Alfred Adler）所提出的概念，課題分離的意思是：你有你的課題、我有我的課題，別混淆自己與他人的人生課題，你不必為他人的課題負擔責任，請保持自己內心的秩序即可。

簡而言之，課題分離的核心是：行為的後果由誰承擔，這件事情就是誰的課題。實踐課題分離，原則有四個關鍵。

第一個關鍵：明確界限，認識自我課題

你的首要任務，是清晰定義自我課題與他人課題的界限。這意味著你需要時刻提醒自己，哪些是你能夠負責也應當負責的（如你的情緒管理、個人決策等），哪些則屬於他人的範疇（如他人的情緒、選擇和生活方式）。在遇到想要干預的衝動時，先停頓並思考這是誰的課題。這種區分是基礎，幫助你在不干預他人的同時，專注於自己的成長。

例如在親子教育的場景中，一位母親可能非常關心孩子的學業成績，常常忍不

住檢查孩子的每項作業，甚至替孩子制訂詳盡的學習計畫和確定目標。應用課題分離原則，這位母親可以按以下四步實踐：

第一步，自我反思與界限劃分。

首先母親須意識到，孩子學習成績的直接責任在於孩子自己。儘管提供必要的支援和資源是母親的課題（如創造良好的學習環境，提供需要的學習資料），但具體的學習過程、努力程度和成績的達成，則是孩子的課題。母親需要後退一步，允許孩子自己承擔起學習的責任。

第二步，溝通與共識。

與孩子開展一次坦誠的對話，討論學習目標和方法，共同設定合理的界限。母親可以表達自己的期望，但也須傾聽孩子的想法和需求，尊重孩子的學習節奏和興趣點，共同決定哪些是需要母親協助的部分、哪些需要孩子自行決定和完成。

第三步，鼓勵自主性。

鼓勵孩子自主制訂學習計畫和確立目標，母親則作為顧問和鼓勵者，而非決策者。當孩子遇到困難時，應當提供指導而不是直接解決問題，幫助孩子學會面對挑戰和失敗，從而培養其自主性和解決問題的能力。

第四步，認可與回饋。

對孩子的努力和進步給予正面的回饋，而非僅僅關注成績。關注孩子的學習態度、努力程度和解決問題的方法，讓孩子感受到自己的成長被看見，進而增強自我效能感。

透過執行上述四步實踐，母親不僅減輕了自己的精神負擔，避免了過度控制可能帶來的親子關係緊張，還促進了孩子的自我成長和責任感，最終建構出一個基於相互尊重和理解的健康親子關係。

第二個關鍵：有效溝通，表達而非命令

在親密關係中，用「事、受、求」來表達自己的觀點和需求，而非直接命令對方應該如何做，這不僅能減少對方感受到的壓力，還能保持自我課題的清晰。

設想一個週末，你請丈夫幫忙整理廚房。當他完成了任務，你走進廚房查看，卻發現檯面上殘留著水漬，洗淨的碗碟也未歸置到指定的櫥櫃中，你不由自主的開始挑剔起來，指出這裡不夠乾淨、那裡擺放不當。

原本期待得到認可的他，卻意外收穫了一連串批評，一腔熱情被冷水澆滅，這

樣的經歷好比在期待獎勵時意外觸碰了懲罰按鈕，大大削減了他未來參與家務的積極性。所以在這種場景裡，你就可以使用「事、受、求」的溝通策略，來實現你的有效溝通。

「事」是事實，第一步你要表達你看到的事實，可以這樣闡述：「我發現廚房清理過後，檯面上還有些水漬，碗筷也留在了外面，沒有放進櫥櫃裡。」；「受」是感受，第二步你要說明看到事實後自己的感受：「我感到有點失望，因為我確實很在意家裡的整潔，相信你也明白這一點。」；「求」是請求，第三步你要表達自己的請求，可以柔和的提出：「下次如果能記得把水漬擦乾，碗筷歸位到櫥櫃裡，那就更好了，這樣我們家廚房也會更加清爽整潔！」

如果你有意識的使用「事、受、求」的溝通技巧，而不是一看到水漬和沒放進櫥櫃的碗筷就生氣，是不是可以避免一場讓彼此遭受精神受力的爭吵呢？

第三個關鍵：做好心理建設，宣布和明確底線

第一步，放下改變控制狂的期待。無論這位控制狂與你是什麼關係，如果對方沒有自發的想要改變自己，別人想要改變他的控制欲是非常困難的。

即使他口頭上承諾會改變，但長期形成的習慣很難在短時間內改變。因此，你需要放下改變控制狂的期待，因為期望越大，失望往往也就越大。當你能夠放棄改變對方的念頭時，你就做好與他相處的基礎準備。

第二步，提醒自己，他對誰都一樣。控制欲的本質是缺乏邊界感、安全感和同理心。這些都是控制狂具有強烈控制欲的深層原因，因此他們對待任何人都是一樣的，與你個人的表現並沒有太大的關聯。當你明確意識到對方不只是針對你時，就更容易保持內心的平靜，從而擁有更強的心理韌性。

第三步，清楚自己的底線。控制狂往往有一個特點，就是不斷試探邊界，並從中得到滿足。因此，在與控制狂相處時，首先要明確自己的底線是什麼，即哪些行為會讓你感到不舒服。例如，有些控制狂可能極度缺乏邊界感，在晚上睡前喜歡打電話給你、拖著你聊天。如果你對這類行為感到非常反感，那麼務必清楚自己的底線在哪裡，確定哪些是你最不願意別人對你做的事情。

第四步，清晰說明底線。由於控制狂往往缺乏同理心，如果你不直接表達出來，他們可能永遠不會意識到你的感受。因此，你需要非常明確的告訴對方你的底線在哪，有哪些行為是你極其反感的。只有將這些底線提前清楚的告知控制狂，他們才可能有所收斂。

第四個關鍵：建立回饋機制

在任何關係中，設立開放的回饋管道，鼓勵他人表達當你過度干涉時的感受。無論是在家庭還是工作場合，建立一個安全的環境，讓別人可以坦誠告訴你何時越界了，這對於自我調整和改善人際關係至關重要。

不受力的思考

每個人內心深處都或多或少藏著一絲控制的萌芽，它隱匿於潛意識，在我們尚未察覺之時已悄然生根發芽。這股力量，雖無聲息卻影響深遠。

但在這趟探索控制與放手的旅程中，我們最終會領悟到，真正的自由與和諧，源自內心的覺醒與界線的明晰。控制欲，這把雙面刃，唯有當我們通過「課題分離」的原則，學會將其轉化為理解和尊重的力量，變成可以實際操作的步驟後，才能真正擁抱生命的多樣與寬廣。在這個喧囂的世界上，守好心中的寧靜，心靜人自安，穩居天地間。

6 不過度反應，巧妙用好你的遮罩力

請想像這樣一個畫面：你們一家三口，在陌生的城市遊玩，中午烈日當空，你打開叫車軟體，準備前往計畫中的網紅餐廳用餐。但或許由於手機定位不準，加上市區交通情況非常複雜，大約十分鐘後，司機打來電話，說找不到你們。此時，你脾氣急躁的伴侶開始不耐煩了，一邊用紙巾擦拭額頭上的汗、滿臉通紅，一邊開始指責：「怎麼回事？我剛才就說應該坐地鐵，你非要叫車！」

這時，你會有什麼反應？是不是預感到一場發生在街頭的家庭爭吵，似乎將不可避免的發生？

過度反應與情緒劫持

的確，在這樣炎熱的午後，烈日如火；在陌生的城市，遇到行程不順；在伴侶的抱怨聲中，一場本該充滿歡樂的家庭出行，似乎正悄然偏離了預期的軌道。這一切都在刺激著你的神經系統，促使你的身體進入戰鬥或逃跑的過度反應模式。可是，有這種情緒衝動其實是非常正常的，因為從心理學的角度來說，此時你正在遭遇情緒劫持（Emotional hijacking）。

情緒劫持也叫杏仁核脅迫，杏仁核是人類大腦中非常重要的情緒處理器。在某些特定情景下，當杏仁核被外部刺激啟動時，就會開始充血。此時，杏仁核如同脫韁的野馬、月圓之夜的狼人，理性之光在這一刻黯淡，只留下衝動與直覺的狂舞。導致掌管理性的大腦皮層（Cerebral Cortex）被關閉。在這種情況下，我們很難理性的思考，陷入直線而極端的思維中。但在鋼筋水泥築成的現代叢林中，雖沒有猛獸的威脅，但這股力量卻可能誤傷至親，將一場本該充滿歡笑的家庭旅行，轉變為一場不必要的戰爭。

當情緒的潮水即將漫過理智的堤壩時，你站在了十字路口：是任由情緒的洪流吞噬美好時光，還是駕馭這股力量，化險為夷？

我的答案是：你可以選擇巧妙用好你的遮罩力。因為它不僅是高牆、阻擋外界的紛擾與內心的風暴，更是一盞明燈，指引你在混沌中找到清明。遮罩力，是現代生活的鎧甲，是心靈的瑜伽，教會我們如何在壓力山大之時，依舊保持那份難能可貴的平和與智慧。

實踐遮罩力五步走

什麼是遮罩力？

簡而言之，是**一種自我調節的能力，讓你在面對負面情緒或外界壓力時，能夠有效的遮罩掉這些干擾因素，保持內心的平靜與清晰思考**。是一種基於自我意識和情緒智商的高級心理防禦機制，能有效幫助個體在逆境中維持理性，從而避免被即時情緒完全控制。

具體要如何使用遮罩力呢？簡單來講，可以按以下五步走：

第一步：自我覺察。首先，你需要學會自我覺察，意識到自己正處於情緒即將失控的邊緣。在上述情境中，當你感到心跳加速、呼吸急促、心情煩躁時，那就是身體在提示你：「我現在很激動。」這時，停下來、深呼吸，並告訴自己：「我正在經歷情緒劫持，我需要冷靜下來。」

第二步：情緒接納。接著，你要學會接納和正常化自己的情緒，而不是抗拒或壓抑。對自己說：「感到煩躁和焦慮是正常的，每個人在這種情況都可能發生。」接納可以有效的減少負面情緒的能量，避免使其進一步膨脹，脫離你的掌控範圍。

第三步：聚焦解決。面對問題時，最重要的不是陷入問題本身，而是找到解決問題的路徑。在這種思想的指導下，就可以選擇溫和的望向對方，然後用盡可能平和的語氣說：「我知道你現在很熱也很著急，我也是。讓我們先冷靜一下，想想怎麼快速解決問題。」這句話既是對伴侶的共情和安撫，又是一種信號，表明你正在遮罩掉負面情緒的干擾，轉而專注於問題本身。

隨後，你可以迅速打開地圖應用程式，確認當前位置，並嘗試用更精確的地標指引司機，同時詢問司機，是否可以共用位置，以便更快的會合。

第四步：重構解讀。除此之外，還有一件很重要的事情，嘗試對當前的情境進行重新評估和解讀。比如你看到孩子因父母的緊張氣氛，而顯得有些恐懼和不安時，你決定將這一刻轉變為一堂寶貴的生活課程。可以在感覺自己情緒已經趨於平穩後，蹲下來輕聲對孩子說：「有時候，事情不會總按我們的計畫進行，但這正是體驗的一部分，對不對？我們可以學會靈活應對，一起找到最好的解決辦法。」這樣的言傳身教，不僅轉移了孩子的注意力，也將原本可能爆發的衝突轉變為一次家庭成員共同協作、克服挑戰的機會。

第五步：採取行動。最後，基於之前的冷靜分析與情緒調整，果斷採取具體行動。這可能意味著繼續與司機保持溝通，確認一個更容易識別的見面地點；或者乾脆向司機道個歉，取消行程並改變計畫，繼而尋找附近的其他餐廳就餐。

與此同時，也可以利用這次機會，引導家人一起參與決策過程，比如讓孩子選擇接下來的方案，以增加活動的樂趣和家庭成員之間的互動。

透過這五步實踐，遮罩力不僅幫助你在關鍵時刻保持了冷靜，還轉化了局面，將一個可能的爭吵瞬間轉變為加深理解、增進感情和共同成長的機會。更重要的是，你證明了即使在壓力之下，也有能力遮罩負面情緒、保持理智。

在未來，遇到類似的壓力情景，你也將擁有足夠強的自我效能感，相信自己、也相信你的家庭成員，可以一起透過啟用多次遮罩力，化解過度反應、直面挑戰，得到想要的結果。

在職場中的運用

在職場中，遮罩力同樣是一種寶貴的技能，它也能幫助你有效應對工作中的各種挑戰，讓你遊刃有餘。

比如，假設你的主管是一位業內知名人士，但脾氣出了名的壞。某次，當你把一篇重要報告交給該主管後，他居然情緒激動的說這篇報告寫得像垃圾，並把它們揉成一團，直接扔到垃圾桶裡。

此時，你會作何反應？普通人在這種場景下，很可能就會進入情緒劫持的陷阱，不是嚇得不敢說話，就是與其發生爭執，甚至拂袖而去。但你不一樣。因為你有遮罩力，可以立刻應用了遮罩力五步走：

第一步，自我覺察。首先，當你感受到批評帶來的緊張和不適時，立即啟動自我覺察機制。意識到自己處於情緒劫持的邊緣。很多職場人士一受到批評，就會馬上陷入瘋狂自證般的解釋，這正是由於沒有啟動自我覺察，陷入了情緒劫持之中。

第二步，情緒接納。你深吸一口氣，溫和的允許那些不悅的情緒流淌，認識到遭遇批評，不過是成長路上必經的風雨，我能夠從中汲取營養。便阻止了它演變成逃避或反抗的洪流。於是，你巧妙的架起了橋梁，讓批評的初次衝擊在你內心的平和之海上緩緩消解，轉而成為自我提升的催化劑。

第三步，聚焦解決。接下來，遮罩掉情緒干擾，並且聚焦於解決問題。你開始反思主管批評的具體內容，嘗試從中提取有用的資訊。很多人在這個過程中依然容易跑偏，因為他們會特別輕易被語氣或用詞影響，無法從主管描述的感受和事實當中，解讀出需要或需求。那此時，主管的需要或需求是什麼？哪怕暫時沒有答案，也沒有關係，你可以選擇先走下一步。

第四步，重構解讀。將原本可能消極的批評資訊，轉化為積極的建設性回饋。你可以選擇這樣想：主管的批評實際上是對工作的重視，反映出對你有更高的期望值，讓你迸發出一個可能有效的行動靈感。

第五步，採取行動。最後，將反思後得出的積極結論付諸實踐。於是，你說：「您說我的報告寫得不行，我也承認。不過這也是我為什麼願意追隨您。因為每次我讀您的報告，都覺得邏輯結構特別清晰，獲得非常多靈感。與此同時，這個計畫的成果非常重要，如果報告能寫得好，就會對行業產生非常重大的影響。所以，您能否給我一些建議，幫助我寫好這篇報告呢？」

事實上，這是一件真實發生在一位年輕女化學家身上的事情。結果你猜怎樣？暴脾氣主管被女化學家這番既有事實又有請求，還略帶褒獎的話語打動了，兩個人從垃圾桶裡翻出了報告，然後一起著手修改了起來。

拋開這位女化學家的語言技巧不談，她的遮罩力顯然讓她獲益。只要運用得當，你自然會收穫影響力，人們也會打心底裡覺得這樣的人可靠。

無論是在生活場景，還是在職場之中，遮罩力無疑是讓我們精神不受力的一把鑰匙，能幫你解鎖通往內心平靜與高效應對的大門，並教會我們，在紛擾中尋找秩序，在挑戰中看見機遇。

不受力的思考

正如有一句話所說：「不是所有風暴都能將你淹沒，有時它們只是幫你洗淨鉛華，讓你更加耀眼。」

真正的力量，不在於從未遭遇風暴，而是能在風雨中舞蹈，將每一次危機化作重塑自我、深化連結的契機。

7 不抱怨，他強任他強，清風拂山崗

「你吃進口中的東西，決定了你的體型和重量；你從口中說出的東西，決定了你的現實。」抱怨，是內心不滿的具體化，並將不滿歸咎於旁人的不足。抱怨如同一種魔力，能扭曲現實。那些脫口而出的苛責，終將在時光流轉中，反彈成為自身的傷痕。

設想一位深陷抱怨循環的母親，因日常瑣事而滿腹牢騷。

當晨光初照，瞥見陽臺上的丈夫悠然吸菸，她的不滿便化作言語：「你只知道抽菸消遣，孩子未醒也不管不顧，早餐也無心準備。」日復一日，丈夫在她的喋喋不休中漸漸沉默，有時掐滅菸蒂，便直接離家而去，家的溫馨漸行漸遠。不難想像後續的情節：丈夫出差的頻率越發增高，家中越發冷清。母親轉而將滿腔情緒傾瀉於女兒，後者成了無形的情感收容所。最終，女兒憑藉優異成績踏入寄宿學校的門檻，每逢假期，歸家的腳步也越發沉重，心中那份不願日益明顯。

故事的尾聲，夫妻緣盡情散，女兒也選擇了一所遠方的大學，展翅高飛。這位母親似乎在不經意間，透過不斷的抱怨，親手推開了一直陪伴在側的至親，獨守一份空曠與靜默。

黑洞與發光體

《別人怎麼對你，都因為你說的話》的作者黃啟團曾經有一個比喻非常具象。他指出世上的人大致可分為兩大類。第一類人，與他們相處如遇冬日暖陽，能賦予你力量，讓你感受到被愛的包圍與生活的甜蜜，猶如身邊擁有一顆不息的小太陽。因此，黃啟團親切的稱這類人為「發光體」。

相對的，第二類人則形成了鮮明對比。與他們共處一室久了，你會發現自己如被無形引力拖拽，活力與正能量似乎被悄然抽離，彷彿是心靈的「黑洞」。這類人擅長吸走周遭的正向能量，常常令親近之人心力交瘁、傷痕累累。

愛抱怨的人通常在遇到不合心意的事情時，就很容易變身為黑洞，習慣把焦點放在發生錯誤的地方、愛挑毛病，卻不太容易看到別人身上的優點。這類被視為黑洞的個體，就如同故事中的母親一般，在持續不斷的負面循環中，最終將反噬自身、傷及自己。為什麼黑洞式的存在會蘊含如此的破壞力？追根溯源，兩大關鍵要素不容忽視。

首先，是負能量的惡性循環。頻繁的抱怨與負面情緒如同病毒，不僅削弱個人的精神防線，更在眾人間傳播，營造出壓抑與不安的情緒低氣壓。

這種環境不僅會阻礙個人的健康成長，還可能導致周圍人的情緒疲憊與疏離，最終形成孤立無援的惡性循環。

其次，內在成長的缺失是另一個關鍵因素。過分聚焦外界缺陷，讓人忽視了向內求的必要性和從自身出發的契機。在這一過程中，人會錯失透過克服困難，來促進自我提升和心靈成熟的寶貴機會，反而被鎖死在一個不再成長的循環之中。

那如何才能從黑洞轉型成發光體，難道只是單純的把抱怨憋回去嗎？並非如此，硬慜只會慜出內傷，要實現根本的蛻變與突破，核心在於從認知、行為以及日常行動來使用策略。

策略一：在認知上，你可以選擇合理運用轉念四象限

如果把我們任何的轉心動念根據「過去與未來」的維度，以及「人與事」的維度來做劃分，那麼這些念頭會分別落在這四個象限中（見下圖）。

第一象限：人與未來，理性的象限

在這個象限裡，你傾向於思考的是與他人相關的未來規畫、目標設定以及如何構建積極的人際關係。是規畫夢想、設定目標並思考，如何與他人合作以實現這些目標的地方。例如你可能會思考如何成為一個更好的家長、如何激勵孩子養成好習慣，又或者與伴侶一起規畫未來，共同成長。

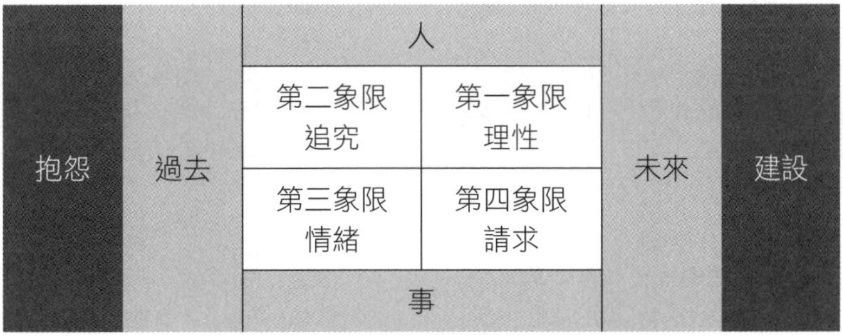

第二象限：人與過去，追究的象限

追究一詞，本身帶著一絲不快的意味。比如在第二象限裡，有些人在和另一半拌嘴時，習慣重複提起對方過往的不當行為或不良習性；或是自我苛責，反覆咀嚼因自身個性特質而錯過的種種良機。但過去不代表未來，追究看起來是一種反思，但過度沉溺於此，則可能演變成對往昔傷痛的不斷複述，這種做法所激發的消極情感，不僅無助於雙方的心理健康，反而可能加劇彼此的精神受力，形成惡性循環。

第三象限：事與過去，情緒的象限

這個象限觸及的是，我們對往昔事件的情感迴響與內心體驗。我們或許會感到憤怒、哀傷、失落或挫敗感，但這些都是對過往遭遇的本能性情感回應。倘若我們在這一象限中駐足過久，反覆咀嚼那些痛苦記憶，乃至頻繁向他人傾訴，就無異於持續撕扯尚未癒合的傷疤。這樣做不僅會導致舊傷反覆發炎，更會使負面情緒如影隨形，籠罩我們的生活，會對精神健康造成侵蝕性的影響。在心理層面上，長期陷入過去的陰霾中，也會逐漸削弱我們面對當前挑戰的能力，限制個人成長的空間。

第四象限：事與未來，請求的象限

在這一象限內，你的焦點集中在透過切實可行的措施與規畫，並積極建立解決方案。這不僅關乎向外界尋求協助與合作，更是自我驅動、目標設定、策略規畫與行動執行的深度融合。身處第四象限中，你或許會深入考慮如何優化你的時間管理方法，提升效率；探討與他人協同的最佳途徑，共同推進目標；又或是探索自我提升的新領域、習得新技能，為迎接未知挑戰做好充分準備。

左邊的第二、第三象限是「抱怨」，而右邊的第一、第四象限則是「建設」。所以，與其在第二象限追究「責任」，不如轉念進入對角的第四象限提出「請求」；與其駐足在第三象限陷入負面「情緒」，不如轉念進入對角的第一象限回歸積極理性。

當你能熟練使用轉念四象限，你是否就邁出了從黑洞到發光體的第一步？

策略二：在行為上，你可以透過管理社交座標系，刻意和發光體靠近

你一定聽說過一句話：你的收入水平，是你經常來往的六個人的均值。同樣的，你的能量水平，也往往來自你經常相處的六個人的均值。

具體應該要怎麼做？可以把你身邊所有的社交對象，按照「很少見面，經常見面」以及「發光體與黑洞」兩個維度，安放在以下四個象限當中（見下圖）。

針對第一象限「發光體，經常見面」和第三象限「黑洞，很少見面」，我們能做的並不多；但第二象限「發光體，很少見面」以及第四象限「黑洞，經常見面」則恰好是我們可以管理的部分。

針對第二象限，你可以設法增加與對方接觸的頻率。以老同學W為例，他是你青春歲月裡的摯友，卻因時空阻隔，僅能偶遇。面對這樣的情況，何不主動出擊，增加相聚的頻率？

要是對方因事務繁忙、難以抽身，又該如何是好？其實，即便無法面對面，透過電話交談同樣不失為一種維繫情誼的良策。回想有一段時期，我承

	發光體		
很少見面	第二象限 母親 老同學W	第一象限 好友小M 同事小C	經常見面
	第三象限 親戚NB	第四象限 同事小B	
	黑洞		

受著巨大的工作壓力，夜半時分常被焦慮所擾、輾轉難眠。為了不讓日漸稀疏的髮絲成為心頭之痛，我決定採取行動。於是，每天午休之際，手捧一杯香醇的生椰熱拿鐵，漫步至河畔，在和煦陽光的沐浴下，與第二象限中的知己好友連線。借助線上交談，為彼此的心靈注入溫暖與力量，從而鞏固這段滋養型的友情紐帶。

透過這樣的方式，即便身處忙碌與壓力之中，也能尋覓到片刻寧靜，與生命中那些珍貴的發光體保持聯繫，共同守護那份來之不易的友誼之光。

針對第四象限，你則要努力遠離消耗你的人。你完全可以考慮逐漸減少與這類人的直接接觸。當然，這並不意味著你需要完全切斷與他們的聯繫，而是要在保護自己能量邊界的前提下，理智的調整互動模式。比如，刻意的保持距離，僅保持在走廊上見面微笑的點頭之交，就是一種不錯的策略。

當你的身邊有更多的發光體相伴，相信我，你也會逐漸成為發光體。

策略三：選擇每晚睡覺前寫感恩日記，成為發光體

什麼是感恩日記？是一種透過記錄日常生活中值得感激之事，來培養感恩心態的個人練習。不僅僅是一本簡單的日記，而是一個深度反思與情感培育的過程。每天花幾分鐘時間，寫下至少三件你當天感激的事情，無論它們多麼微小平凡。這些可以是來自家人精心準備的美食、同事請客的一杯飲料、陌生人的一次善意幫助，甚至僅僅是早晨上班路上看到的丁達爾效應（Tyndall Effect。按：又稱光瀑，指光線穿過懸浮在空氣中的小顆粒時，會發生散射的現象，讓光線看起來像有一條光路或光束），你可以在抖音——何聖君的帳號中，看到我拍攝下的這個畫面，並將這段影片命名為「人間值不值得」。

定期記錄感恩事項，不僅能幫助你更頻繁的注意到生活中的積極面，從而提升整體的幸福感和滿足感，還能增強你的心理韌性，在面對困難與挑戰時，感恩日記中的正面記憶可以作為心理支柱，增強你的抗壓能力和心理韌性。

我通常會把感恩日記寫在我的一個雲端硬碟中，寫完感恩日記，不僅能幫助我獲得更好的睡眠，當我情緒低落的時候重新打開它，也能讓我從這一件件曾經使我愉悅的事情中獲得能量和滋養。

當你也養成撰寫的習慣後，抱怨就很可能會從你的辭典中刪除，轉念之間的美好則將忽然出現在燈火闌珊處。

不受力的思考

有人說：「不要抱怨生活，強者從不抱怨生活。」真正的轉變，始於內心認知的覺醒與成長，終於每一個策略的實踐與篤行。

正如每一顆星星，無論多麼微小，都能在夜空中綻放出獨一無二的光芒，你我亦能在生命的廣闊舞臺上，成為那束溫暖人心、照亮前路的光。願我們都能成為自己生命中最閃耀的「發光體」，不僅照亮自己，也溫暖他人，共同創造一個充滿愛與希望的世界。

8

不與「三季人」論短長

你看過作家王蒙寫的一篇短文《雄辯症》嗎？

一位患有雄辯症的男子前往醫院就診。面對醫生簡單的一句請坐，他卻質問道：「為何強制我坐？你是否有權剝奪我站立的自由？」醫生事先已洞悉其病症特性，未予直接回應，轉而遞上一杯清水，溫和建議他：「或許，喝水對你有益。」

然而，病人反駁：「你的邏輯既狹隘又荒誕。並非所有水皆可飲，譬如摻雜氰化鉀的水，便是致命之選。」面對這般無理取鬧，醫生僅以微笑回應，無意深究。

並且試圖緩和僵局，醫生轉向輕鬆話題：「今天陽光明媚，天氣不錯。」豈料，病人情緒越發激昂：「簡直是無稽之談！此處晴朗，並不代表全球同享。譬如北極，正遭受暴風肆虐，冰山相互撞擊。」

眼見對話無法持續，醫生只好宣告：「你的狀況我已明瞭，現在，你可以離開了。」病人聞言，憤怒道：「即便身為醫生，你也無權驅使我離去，醫德豈容如此輕視！」最終，醫生選擇沉默，專注於查閱病歷，著手準備藥物治療方案，以便結束這場無果的交流。

誰是「三季人」？

在現實生活中，我們身邊總有一些人，雖然沒有這位身患雄辯症的病患如此誇張，但他們特別喜歡和人爭論，無論誰說什麼，反駁上幾句才過癮。如果你把注意力過多的投入到他們身上，不僅消耗大量時間，讓自己的精神遭遇受力，有時候甚至還會把自己氣到憂鬱。

所以，為了減少這種不必要的消耗，你需要學會識別誰是「三季人」。什麼是三季人？它出自一個典故：

有一天，孔子的一位學生遇到了一個小插曲，他跟一個路人起了爭執，原因聽起來有點啼笑皆非。

路人堅持說一年只有三個季節，而學生當然是堅持四季輪轉的基本常識。兩人就這樣你一句、我一句，爭得臉紅脖子粗，直到太陽高掛都沒個完。

這時，孔子剛好經過，學生趕緊拉住老師，一股腦的把事情的來龍去脈告訴了孔子，心裡想著老師肯定會站在他這邊。沒想到，孔子看了看那個路人，竟然說：「嗯，你說得對，確實一年只有三個季節。」學生一聽，簡直不敢相信自己的耳朵，但出於對老師的尊敬，他沒再多說什麼。

路人滿意的離開了，學生卻滿腹疑問，等路人走遠，他忍不住問孔子：「老師，一年到底有幾個季節呀？」孔子望著遠方，緩緩的說：「當然是四個季節。」學生不解的追問：「那您為什麼說只有三個季節呢？」

孔子曰：「此時非彼時，客碧服蒼顏，田間蚱蜢，生於春而亡於秋，何見冬也？」意思是說：「你看那個人，穿著綠色的衣服，看起來有點老氣，就像田間的蚱蜢一樣。蚱蜢春天出生，秋天就結束了生命，牠們的世界裡根本沒有冬天這個概念，所以對他們來說，一年真的只有三個季節。」

孔子接著說：「你和他爭來爭去，並不會有結果。因為他的世界裡就沒有冬天，你再怎麼解釋也沒用。有時候，順著他的話說，他就會心滿意足的離開，這樣不是更好嗎？」聽完孔子的話，學生恍然大悟。

從故事中可以得知認知相同，爭辯可以擦出思維的火花；認知不同，爭辯純粹浪費口舌。

儘管這個故事並未收錄於《論語》之中，經學者考究，它更像是後世編撰的寓言，但其寓意卻深刻反映了日常生活中的常見情境，人們往往不經意間捲入無益的爭執漩渦，耗費心力於無效的辯論中。故事中三季人的寓意，如同一盞明燈，指引我們在面對固執己見者時，應採取更為智慧的應對之道。

事實上，「夏蟲不可以語冰」這一理念早在莊子的著作中便有所闡述，它揭示與認知局限者爭辯的徒勞無功。不僅是對非理性爭執的批判，更是宣導了一種處世哲學，並非每個人都能理解並接受道理，因此，無須執著於與所有人講清道理。

其思想的精髓在於，當我們遇到那些由於知識、經驗或偏見限制，而無法理解或接受我們觀點的人時，強行辯論往往無法達成共識，只會加劇對立。因此，識別誰是三季人，適時選擇沉默或以柔和方式回應，不僅能避免無謂的消耗，更能彰顯個人的成熟與智慧。

如何具體應對三季人

克制與他人爭論對錯的欲望，是一個成年人最頂級的自律。面對這類人，最好的應對方法，就是不爭辯。

可是，要達到這個目標很難。因為在之前的章節中曾經講過，在我們的大腦中，存在一個叫做杏仁核的情緒處理器，當三季人忽然拋出一個與你的基本常識向左的觀點時，你的杏仁核就會開起警報，讓你陷入情緒劫持的狀態，這種狀態會驅使你忍不住和對方爭辯。

這時，最好的辦法不是強行忍住衝動，而是對自己說一句咒語。我在我的另一本二十萬冊暢銷書《不強勢的勇氣》中，曾經提到過這句：「刺激與回應之間存在一段距離，成長與幸福的關鍵就在那裡。」

這段「距離」就是「暫停」，也是如何具體應對的第一步。**暫停不是強行忍住**

情緒，而是打斷杏仁核所帶來的情緒衝動。這就好比你在開車時，突然遇到紅燈，雖然你的本能是繼續前行，但紅燈提醒你必須停下。同樣，在與這類人交流時，這句咒語就像一個心理的紅燈，提醒你先緩一緩，別讓情緒立刻反應，而是給自己創造空間，進行理性的思考和選擇。

在完成暫停這一關鍵步驟之後，緊接著的第二步正是做出選擇。但並不局限於立即終止對話，儘管在某些情況下，果斷結束沒有意義的對話無疑是明智之舉。然而，現實的複雜性往往意味著，出於各種考量：可能是社交禮儀或是工作職責所在，你發現自己不得不繼續這場對話，怎麼辦？面對這樣的境況，你的選擇應當是策略性的。

比如，在決定如何繼續對話時，你應該考量自己的目標、對話的潛在收益以及可能的代價。如果對話的延續能夠帶來建設性的結果，例如增進理解、解決實際問題或是維護重要關係，那麼繼續交流就成為一種有價值的投入。反之，如果對話顯然無法達成上述目標，反而可能導致情緒消耗或關係惡化，那麼適時抽身則顯得更加合理。

第三步是重構溝通，需要分不同的場景討論。一種情況是為了維持關係。假設你在一個家庭聚會上，與一位遠房親戚交談。這位親戚開始談論一個你非常在行的主題，但他的觀點明顯基於錯誤的資訊。你立刻感覺到杏仁核被啟動，內心湧起一股想要糾正他的衝動。但是，你記得「刺激與回應之間存在一段距離，成長與幸福的關鍵就在那裡」的咒語，於是你深呼吸，按下內心的暫停鍵。

在短暫的暫停之後，你評估了情況。考慮到這是家庭聚會，和諧的氛圍比爭論更重要，勝過你與親戚比對錯，於是，你決定採取策略性溝通，而非直接駁斥。

你可以微笑著溫和的說：「關於這個話題，我有些不同的見解，但我很好奇，你是從哪裡得到這些資訊的？也許我們可以一起探討一下。」透過這種方式，你沒有直接否定對方，而是邀請他分享資訊來源，同時表達願意共同探索的興趣。

隨後，你可以繼續說道：「你知道嗎？我最近讀到一篇關於這個主題的文章，提到了一些有趣的事實，也許你會感興趣……。」記住，你不需要說服對方完全同意你的觀點。當然，你也可以適時轉換到一個輕鬆的話題，巧妙避開潛在的爭論。

這個場景展示了在面對三季人時，如何運用暫停、選擇和重構溝通策略的藝術。透過冷靜思考和策略性選擇，不僅保護了自己的情緒和精力，還維護了和諧的人際關係，展現出為人處世的成熟和智慧。

另一種情況則是工作的職責所在。這又該怎麼辦呢？當工作職責要求你與這類人進行有效溝通時，情況變得更加微妙。你不能簡單的迴避或轉移話題，因為任務的完成和團隊的合作可能依賴於這次對話。在這種情況下，你的策略應當更加細緻和專業，確保既能實現工作目標，又能維持良好的工作關係。

假設你是一名專案經理，正在與一位固執的團隊成員討論工作進度。這位成員堅持認為，當前的工作計畫無須調整，而你清楚的知道，如果不做出改變，很有可能會延期。當你感覺到杏仁核被觸發，想要立即反駁時，記得先按下暫停鍵，並且深呼吸，給自己創造冷靜思考的空間。

接下來，你應當採取一種結構化的溝通策略，以數據和事實為基礎，而非情緒。你可以說：「我非常感謝你對現有計畫的信心，與此同時，在我們最新的風險評估中，發現了幾個關鍵問題。例如，根據最近的市場回饋，我們需要調整這部分的設計，否則可能會影響用戶接受度。我這裡有詳細的報告，我們可以一起看一下，探討如何優化計畫，以確保專案成功。」

這裡的關鍵是，你沒有直接否定對方的觀點，也沒有使用「但是、可是」這種代表轉折的詞彙，而是用了「與此同時」這類並列式的陳述策略，並提供了共同審視問題的機會，邀請對方參與決策過程。透過展示數據和分析，你讓對話回歸到理性討論的層面，減少了情緒上的對抗。

在討論過程中，保持開放和尊重的態度至關重要。即使對方的觀點似乎缺乏依據，也要努力理解他們的立場，可以說：「我理解你的擔憂，我們確實需要考慮其他因素。你有什麼建議，讓我們可以平衡這些因素，同時確保專案的順利進行？」

透過這種包容性和合作性的溝通方式，你不僅提高了工作效率，解決了實際問題，還增強了團隊凝聚力，展現了你的影響力和成熟。儘管在工作場合中面對三季人的確要求更高的情商和溝通技巧，但只要掌握正確的方法，你也能將挑戰轉換為提升團隊績效和自身職業形象的機會。

不受力的思考

人際關係學家戴爾・卡內基（Dale Carnegie）曾說：「天下只有一

種方法能得到辯論的最大勝利，那就是像避開毒蛇和地震一樣，盡量去避免爭論。」

面對「三季人」，真正的智慧不在於激烈的爭辯，而在於選擇不爭辯的策略；真正的勝利不是說服對方，而是成就更從容的自己。在人生的劇本裡，你既是主角、又是編劇，願你用不爭辯的筆觸，繪出一幅幅和諧共生的美麗畫卷。

第四章

五種工具，允許一切發生

1 寫自我探索日記

前面章節的內容講的都是策略；在本章，我會分享五種有效的工具，幫助你在精神受力的情況下迅速的覺察，提升管理自身情緒的能力。

自我探索日記，是我要與你分享的第一種工具。

簡而言之，它是一個記錄個人思想、情感、行為和重要生活事件的私人日記或筆記。不同於一般的日記，它更側重於深入的自我反省與情緒覺察。透過定期書寫，你可以追蹤情緒的變化模式，識別觸發情緒波動的事件，探索這些情緒背後的思想和信念。是自我認知旅程中的一個強大夥伴，能幫助你揭開情緒的神祕面紗，理解自己更深層次的需求和願望。自我探索日記主要有三個作用：

第一，讓我們能夠精準的辨認出，究竟是何種情緒在悄悄消耗我們的精神力量。在日常生活中，我們或許會經歷難以名狀的情緒低谷，胸口彷彿被無形的重物壓迫，卻說不出個所以然。這就如同身體發燒，若不透過醫療檢測，我們無從知曉是何種病毒作祟，自然也無法施以正確的治療。同樣的，在錯綜複雜的內心宇宙裡，一旦我們能夠清晰的定位到精神壓力的本源，就如同點亮了一盞指路明燈，指引我們採取精確有效的策略，直擊問題核心，從根本上舒緩與調適，重獲內心的寧靜與力量。

小L是一位職場新人，面對高壓的工作環境，他經常感到焦慮和疲憊，但又不清楚這種情緒的具體來源。開始撰寫自我探索日記後，小L在一次記錄中提到，每當臨近專案彙報的前一週，他的焦慮感就會顯著增加。連續幾週的記錄，他發現這種情緒與對失敗的恐懼、對表現不佳的擔憂緊密相關。這一發現讓他明白，真正困擾他的不是工作量本身，而是對結果的過度擔憂。

於是，他開始針對性的調整策略，比如提前準備彙報資料，進行模擬演講來增強自信，同時學習放鬆技巧來管理緊張情緒。幾個月下來，他不僅在工作彙報上更加遊刃有餘，也感覺自己對情緒的控制力大大增強。

第二，自我探索日記是自我成長的見證者。記錄了我們的思想變化、情感起伏和行為成長的軌跡，使我們能夠回顧過去，看到自己如何一步步克服困難、突破自我限制。這種時間旅行般的回顧，能給予我們極大的成就感和動力，讓我們在遇到新的挑戰時，能夠有信心的說：「我之前也遇到過難關，但我挺過來了。」

小Z在她的日記中，詳細記錄了從決定轉行，到完成新領域首個大專案的全過程。最初，她從充滿了不確定和自我懷疑，但在不斷的記錄學習心得，每次小進步和遭遇挫折後的反思中，這些文字最終變成她成長的證據。每當她回顧這些過程，都能從中汲取力量。

第三，自我探日記還是情緒的宣洩口。在現代社會，人們常常因各種原因壓抑自己的真實感受，長此以往可能導致心理壓力累積。它提供了一個私密且安全的空間，讓我們能夠毫無保留的表達自己的喜怒哀樂，無論是積極的還是消極的情緒，都可以在這裡得到釋放。這種釋放有助於減輕心理負擔，維護心理健康。

小W在經歷了一次痛苦的職業挫敗後，在日記中傾訴自己的失落和不甘，伴隨著淚水的宣洩，她感到一種前所未有的輕鬆。隨後，她在日記中制訂了新的職業規畫和學習計畫，這份來自內心深處的力量讓她迅速振作起來，重新出發。

如何撰寫自我探索日記

開始撰寫日記前，你需要一個安靜、無打擾的環境，以及一顆願意面對真實自我的心。以下是撰寫結構化日記的四個詳細步驟：

第一步：事件記錄。

事件是自我探索日記的起點，你需要客觀、詳盡的描述發生的事情。這不僅僅是簡單的陳述事實，而是要盡可能捕捉細節，比如時間、地點、涉及的人物、事件的起因經過結果。例如「今天下午三點，我與專案經理在辦公室討論了下一季度的工作計畫，期間我提出了一個創新的想法，但被否決了。」

第二步：情緒感知。

在記錄完事件後，緊接著探索感受。試著用形容詞來標記你當時的情緒狀態，如「失望」、「興奮」或「挫敗」。更進一步，描述這些感受是如何在你的身體上展現出來的，如「心臟快速跳動」、「胃部收緊」等。這有助於你更深刻的理解情緒的物理表現，增強情緒的自我意識。比如「被否決後，我感到一陣失望，胸口像被一塊石頭壓住，呼吸變得有些急促」。

第三步：深入覺察。

覺察階段，你需要深入分析事件背後的原因，以及這些感受所蘊含的資訊。問自己：這些情緒的根源是什麼？是否觸及了我內心的某個敏感點？我從中學到了什麼？例如意識到：「我的失望不僅是因為想法被否決，更多的是源於對自我價值的認可需求。我學到需要盡量從團隊的角度考慮問題，並且提高提案的說服力。」

第四步：行動規畫。

最後，制訂行動計畫。基於前面的分析，思考如何應對類似情況，或如何改善自己的情緒狀態。具體化你的下一步行動，設定小目標。比方「為了下次能更有效的提出我的觀點，我計畫每週閱讀一篇關於專案管理的文章，提高我的專業素養，並且提前與同事交流我的想法，蒐集回饋、改善提案。」

在家庭場景中的運用

自我探索日記在家庭場景中同樣適用，可以幫助處理家庭關係中的情感糾葛，增進家庭成員間的理解和溝通。例如，家長小H在與青春期孩子的相處中經常感到挫敗和無奈，孩子反叛的行為讓家庭氛圍緊張。小H開始在日記中記錄每次衝突的細節，以及自己和孩子在衝突中的情緒反應。

事件記錄：「週六晚上，因為孩子熬夜玩遊戲，我們發生了爭執。我要求他早點休息，但他表現出強烈的抗拒，說我不理解他。」情緒感知：「那一刻，我感到憤怒和無力，拳頭緊握、心跳加速，而在孩子的眼神中則是失望和反感。」深入覺察：「反思這次衝突，我意識到我的憤怒其實來源於，對孩子未來的擔憂，以及對自己教育方法的不自信。我學到真正的溝通需要更多傾聽和理解，而非單方面的命令。」行動規畫：「為了改善親子關係，我決定每週與孩子進行一次無干擾的對話，了解他的想法和需求；同時，我也將參加家長教育工作坊，學習更有效的親子溝通技巧。」

透過這樣的記錄和反思，小H不僅在日記中找到了自我調整的方向，也逐漸找到了與孩子和諧共處的方法，家庭氛圍得到明顯的改善。自我探索日記在家庭生活中的應用，證明了作為情緒管理工具的廣泛適用性和有效性，無論是來自職場的挑戰還是家庭關係，都能成為我們理解自我、提升情緒智慧的寶貴助手。與此同時，在具體實踐的過程中，你可以遵循以下四個原則。

原則一，定時寫作：選擇一個固定的時間，每天或每週，堅持記錄，使之成為習慣；原則二，誠實面對：在日記中，對自己絕對誠實，不加修飾的表達真實感受；原則三，保持開放性：對自我發現保持好奇和接納的態度，無論是積極還是消極的發現；原則四，反思與回顧：定期回顧之前的筆記，從時間的維度審視自己的成長和變化。

不受力的思考

自我探索日記如同一面鏡子，讓我們在字裡行間遇見真實的自我，也如一位沉默的導師，引領我們在心靈的迷宮中尋找光明。它教會我們，每一次心緒的波瀾都是自我認知的契機，每一次筆尖的流淌都是心靈深處的覺醒。

最深刻的療癒始於自我覺察，最美的成長植根於持續的探索。拿起筆，翻開新的一頁，不僅是記錄生活，更是書寫屬於自己的心靈史詩。在不斷的書寫與反思中，你會發現，那些曾讓你精神受力的挑戰，終將成為塑造你堅韌靈魂的寶貴磨礪。正如蘇格拉底（Socrates）所言：「未經審視的生活不值得過。」願你的每篇日記，都是對生命最真摯的審視與珍惜，引領你一步步走向內心深處的平靜與強大。

2 正念冥想，專注當下

政治家曾國藩有一句名言：「物來順應，未來不迎，當下不雜，既過不戀。」這是很多人想要實現的目標，但具體要如何做到呢？你可以依靠第二種工具：正念冥想。

正念冥想是一種讓你的注意力完全集中於當下的練習，透過觀察自己的呼吸、感受、思緒而不加以評判，從而培養出一種超然的自我覺察能力。在快節奏和高壓力的現代生活中，人們往往被過去的遺憾或未來的焦慮所牽扯，而忽視了生活的真正有價值的是此時此刻的體驗。曾國藩的「物來順應，未來不迎，當下不雜，既過不戀」正是對這種生活態度的精煉概括。而正念冥想能幫助我們實踐這一哲學。

透過正念練習，我們學會觀察自己的思維模式，特別是那些反覆回溯過去、沉溺於遺憾的思維習慣。當我們意識到這些思緒時，應該避免抑制它們，而是溫柔的將注意力引回到當前的呼吸或身體感覺上。這種練習有助於減少對過去事件的情感依附，讓我們更加釋然的接受已經發生的一切，不再無謂的糾纏於過往。

在日常生活中，我們的注意力常常被多工處理、外界干擾以及內心的雜念撕扯。正念冥想訓練我們保持專注，即便是在思緒紛飛的時候，也能迅速識別並溫柔的引導自己回歸到單一的焦點上。這種能力在日常生活中展現出，能夠全心全意投入到每一個活動中，無論是工作、交談還是簡單的吃飯，都能做到一心一意，體驗到真正的享受當下。

對未來過度的擔憂和規畫，也常常使我們無法享受現在。正念冥想教會我們接納不確定性，認識到擔心未來並不能改變什麼，反而會消耗我們的精力和幸福感。利用練習，我們可以學會在面對未來時保持開放和適應性，而不是盲目的抗拒或期待。這樣即使面對未知，我們也能更加從容不迫、活在當下，為未來做好準備，而不是讓未來成為負擔。

為什麼正念冥想會有這些功效？

首先，正念冥想在緩解壓力方面顯示出強大效能，它能夠顯著減輕個體的壓力負荷。正如《Headspace 冥想正念手冊》（*The Headspace Guide to Meditation and Mindfulness*）作者、正念冥想大師安迪．帕帝康（Andy Puddicombe）所述，一項針對憂鬱症復發率的科學研究，對結合正念冥想練習的患者群體與單一依賴藥物治療的群體，進行了半年的追蹤對比。研究發現，七五％參與正念練習的患者，能夠在短短半年內減少對藥物的依賴，並報告他們的生活品質有了顯著提升。

其次，正念冥想被證實為改善睡眠品質、緩解失眠的有效手段。失眠不僅影響日常精力，還會導致情緒波動及神經緊張。史丹佛大學（Stanford University）二〇〇九年的研究表明，僅僅六週的正念冥想訓練，就能有效縮短失眠者入睡所需時間，從平均三十分鐘減少到十五分鐘，顯著提高了睡眠效率。

另外，正念冥想對於增強情緒調節能力具有積極的促進作用。大腦的前額葉皮質與情緒管理緊密相關，而該區域灰質（Gray matter）的充足是維持良好情緒控制的關鍵。著名健康心理學家凱莉．麥高尼格（Kelly McGonigal）在她的著作《輕鬆駕馭意志力》（*The Willpower Instinct*）中引用神經科學研究成果，強調定期進行冥想能夠促進大腦灰質增加，尤其是前額葉皮質區域，這直接增強了個體的情緒調控能力，從而有效預防因灰質缺失可能導致的情緒失控問題。

有效踐行正念冥想的方法

科學的踐行正念冥想，你可以參考以下六點：

第一，設立固定時間。選擇一天中相對安靜的時間，每天堅持練習，哪怕開始時只有幾分鐘。設定一個固定的冥想時間有助於形成習慣，讓正念練習成為日常生活的一部分。早晨剛醒來時大腦相對寧靜，是一天中進行冥想的絕佳時機，可以幫助你以清晰和平靜的心態開始新的一天。如果你的排程較為緊湊，也可以選擇午休後或晚上臨睡前進行，利用這些時段幫助身心放鬆、整理思緒。重要的是，無論你選擇哪個時段，都要確保你可以持續堅守，哪怕最初只能抽出幾分鐘，也要堅持每天進行，逐漸增加時長。

第二，找一個靜謐的空間。創造一個無干擾的環境，有助於提升冥想品質。

為了達到最佳的冥想效果，選擇一個安靜且私密的地方至關重要。這個空間應該遠離日常生活的噪音和干擾，比如電視、手機提示音等。你可以關閉門窗、使用耳塞或播放輕柔的背景音樂來隔絕外界聲響。如果可以的話，布置一些植物或點燃香薰，營造一個更加平和與舒適的氛圍，有助於心靈更快進入冥想狀態。

第三，採取舒適的姿勢。可以是盤腿坐、在椅子上坐直或躺下，關鍵是保持背部挺直、身體放鬆。冥想的姿勢應該是既穩定又放鬆的，這樣你才能夠長時間保持而不會感到不適。盤腿坐（蓮花坐或半蓮花坐）是最傳統的冥想姿勢，但並非唯一選擇。坐在椅子上也是很好的方式，只需確保雙腳平放地面、背部直立，雙手輕輕放在膝蓋上。躺著冥想雖然舒適但容易使人入睡，初學者應謹慎選擇。無論哪種姿勢，都應保持頭部、頸部與脊柱自然對齊，以便能量流暢，同時全身肌肉放鬆。

第四，聚焦於呼吸。將注意力集中在呼吸上，感受氣息進出的感覺，每次發現思緒漂移時，溫柔的將其帶回到呼吸上。呼吸是正念冥想的核心，連結身體與心靈的橋梁。專注於呼吸，你可以將散亂的心緒收攏回來，進入當下。嘗試深深的吸氣、緩緩的呼氣，注意空氣進出鼻孔的感覺，以及胸腔和腹部隨呼吸起伏的變化。當你的思維開始游離時，不必自責，只需溫柔的承認這些念頭，然後輕輕的將注意力重新導向呼吸上。這個過程可能會反覆發生，關鍵在於耐心和持續的引導。

第五，利用語音引導或活用應用程式。對於初學者，可以借助冥想程式或語音指導，逐步深入練習。市面上有許多正念冥想的應用程式和線上資源，提供了豐富的引導式冥想課程，適合不同程度的練習者。這些工具透過聲音指導，幫助你更好的理解冥想的過程，保持練習的連貫性和深度。跟隨專業的指導，你可以更輕鬆的克服初期的不適應，進入冥想的更深層階段。

第六，持之以恆。正念冥想的效果需要時間積累，不要期待立竿見影，關鍵在於持續的練習與體會。

如同任何技能的習得，正念冥想也需要時間和耐心。初期你可能難以感受到顯著變化，甚至會遇到挑戰，如難以靜心、頻繁走神等。這些都是正常的體驗，不應成為放棄的理由。記住，每一次的冥想都是對自我意識的一次滋養，隨著時間的推移，你會逐漸體會到內心的平靜、清晰和自我覺察的增強。持續的實踐，讓正念冥想成為你生活的一部分，將會在不知不覺中為你帶來深遠的正面影響。

不受力的思考

在探索正念冥想的征途中，我們彷彿手執一盞明燈，照亮內心幽徑。正如曾國藩所說：「物來順應，未來不迎，當下不雜，既過不戀。」正念冥想猶如那溫暖而明亮的光芒，引領我們在紛繁世事中發現內在的寧靜島嶼。不僅是一種修行，更是一場內心的覺醒，讓我們學會在波濤洶湧的海面上，找到平穩航行的方向。

3 解鎖內心的平靜密碼

能夠迅速幫助你從精神受力狀態中解放出來的第三種工具是：情緒ABCDE理論，是由美國心理學家亞伯·艾里斯（Albert Ellis）在一九五〇年代提出的心理策略，為我們提供了一套應對情緒困擾的解決方案。它以五個關鍵字的英文首字母命名，引領我們走過一段，從情緒觸發到情緒管理的旅程。

- A代表前因（Antecedent）：生活中的某個事件，如同故事的開頭、一塊激起心湖漣漪的石頭。比如你在公園享受閱讀時，遭遇咖啡被打翻的情景。
- B代表信念（Belief）：內心深處的即時想法，我們的解讀濾鏡。在案例中，你可能認為「這個人太粗心了」，這樣的信念立即塑造了你的情緒基調。

- C代表後果（Consequence）：信念催生的情緒與行為反應。基於上述想法，你感到懊惱和憤怒，這是未經審視信念直接導致的情緒結果。
- D代表爭辯（Disputation）：關鍵轉捩點，挑戰並質疑原有的信念。當你發現對方是位盲人時，開始重新評估情況，對之前的判斷產生了疑問。
- E代表替換（Exchange）：透過爭辯，舊信念讓位給新視角，情緒也隨之轉變。你從憤怒轉為寬慰，甚至感恩沒有造成更大的傷害。

透過這個生動的思想實驗，我們可以看到，**情緒的舵手並非外部事件本身，而是我們內心的信念體系**。未掌握ABCDE理論時，我們往往任由原始信念主宰情緒反應，停留在C階段。但一旦運用此理論，主動進入D階段，質疑並調整信念，我們便能到達E階段，實現情緒的積極轉變，以更理性和同情的角度處理問題。

簡而言之，情緒ABCDE理論是一把鑰匙，幫助我們解鎖情緒的奧祕，從被動反應走向主動管理，使我們成為自己情緒的主人而非奴隸。在現實生活的風浪中，這不僅是情緒自救的指南針，還是增進人際關係和諧的寶貴工具。

在職場中的應用

在職場環境中，情緒ＡＢＣＤＥ理論同樣具有非凡的應用價值，它能幫助我們有效管理和轉化工作中遇到的情緒挑戰，提升職業素養和團隊協作能力。

案例場景：專案延誤

- Ａ：團隊負責的專案因供應商遲交關鍵材料，導致整體進度落後。
- Ｂ：你可能會覺得：「供應商應該提前通知我們！」而感到憤怒和無助。
- Ｃ：基於這種想法，你可能對團隊成員表達不滿，氣氛變得緊張、溝通效率降低，進一步影響專案的其他環節。
- Ｄ：但透過情緒ＡＢＣＤＥ理論，你開始反思：「雖然供應商的行為對專案造成了影響，但我是否能更早的跟進進度？是否有候補方案可以立即啟動？」這種自我質疑促使你從多個角度審視問題，而非歸咎於單一因素。
- Ｅ：經過爭辯和反思後，你決定召開緊急會議，與團隊共同探討，如何減少延誤帶來的影響，並制訂應急計畫。同時，你主動聯繫供應商了解原因，並尋求補救措施。你將原本的消極情緒化為解決問題的動力，團隊的凝聚力和應變能力也因此增強。

職場應用要點如下：

- 自我覺察：情緒波動時先暫停，識別觸發情緒的事件（A）和信念（B）。
- 理性分析：運用批判性思維，質疑和挑戰那些可能過於絕對或負面的信念（D），考慮是否有其他解釋或視角。
- 積極應對：基於新的認知，調整策略，採取建設性的行動（E），如溝通、協商、調整計畫等，以促進問題的解決。
- 情緒調節：透過這個過程，學會從情緒反應中快速恢復，保持專業和冷靜，提升個人在職場中的情緒智商。
- 團隊協作：將情緒理論引入團隊文化，鼓勵團隊成員在面對挑戰時採取積極的思考方式，共同建立一個支援性、高效的工作環境。

在職場中應用情緒ABCDE理論，不僅能夠提升個人的情緒管理能力，還能促進團隊間的理解和合作，為職場生涯鋪設一條更加穩健和諧的發展道路。

在家庭場景中的應用

家庭是情感交流最為密切的場所，同時也是情緒波動頻繁發生的環境。情緒理論在此同樣適用，幫助家庭成員之間建立更健康的溝通方式，增進理解與和諧。

場景案例：親子關係衝突

- A：孩子考試成績不理想，放學回家悶悶不樂。
- B：「他一定是不夠努力。」這種想法讓你感到失望和生氣。
- C：基於此信念，你嚴厲批評孩子，導致親子關係緊張，溝通管道受阻。
- D：運用理論，你開始反思：「是不是對孩子的期望過高？有可能他在學校遇到困難，或者這次考試較難？」這樣的自我對話幫助你從多方思考問題。
- E：基於新的認識，你決定改變策略，邀請孩子一同以平靜的態度，詢問他的近況，傾聽他的感受和遇到的難題。你表達對他的理解和支持，並一起探討如何改進學習方法。透過這種方式，原先的緊張氛圍得以緩和，親子間建立了更加信任和積極的互動模式。

家庭應用要點如下：

- 耐心傾聽：在家庭衝突中，首先要做的是放下預設的想法，耐心聆聽對方的感受和需求，這是識別前因（A）和理解信念（B）的基礎。
- 共情理解：試著站在家人的角度思考問題，用同理心感受他們的處境，這有助於在爭辯（D）階段更有效的調整自己的信念。
- 開放溝通：鼓勵家庭成員之間開放、誠實的表達自己的想法和情緒，用有效溝通達成共識，促進替換（E）階段的積極轉變。
- 共同成長：將衝突視為成長契機，以情緒管理強化家庭凝聚力與解決能力。
- 樹立榜樣：自身的行為是孩子的最好示範。家長透過展現如何理性處理情緒，可以引導孩子學會自我調節，架構一個高情商的家庭環境。

不受力的思考

在實踐情緒ABCDE理論的過程中，你不僅可以學會如何在緊張的工作環境中保持冷靜與高效，如何在家庭中培育理解與共情的土壤，更重要的是，還能逐步建立一種內在的力量，將使你能夠更加堅韌的面對生活中的不確定性、更加從容的與周圍的人建立和諧的關係。

它不僅可以提升個人的情緒智力，更能促進人際間的良性互動與家庭的整體和諧。願你通過一次次踐行，逐步掌握這一工具，讓情緒不再是不可控的風暴，而是轉化為推動自我成長與人際和諧的正面能量。

4 接受與承諾療法

第四種工具是：接納與承諾療法。

英國心理學家羅伯・狄保德（Robert de Board）在其著作《蛤蟆先生去看心理師》（*Counselling for Toads*）中，巧妙的透過角色傳達了一個深刻見解：「沒有一種批判比自我批判更強烈，也沒有一個法官比我們自己更嚴苛。」如果你常常難以接納自我，陷入無休止的自我批判循環，那麼接納與承諾療法會很適合你。

接受與承諾療法（Acceptance and commitment therapy，以下簡稱ＡＣＴ）是一種行為療法，由心理學家史蒂文・海斯（Steven Hayes）在一九八〇年代末期發展起來。它基於一個核心理念：人類的痛苦很大程度上來源於，對負面思維和情緒的無益抵抗，以及對理想化過去或未來的過度關注，而不是活在當下並根據個人的價值觀行動。

什麼是接受與承諾療法

ACT作為一種心理干預方法，並強調透過接納，而非逃避或控制那些令人不適的思維和情感，來提升個體的心理靈活性和生活品質。ACT的核心在於六個關鍵過程，也被稱為「六邊形模型」並相互關聯，共同構成了其基礎框架：

- 自我接納（Self-acceptance），這意味著全然接受當前的感受、想法和身體感覺，而不是試圖抑制或消除它們。接納並不意味著喜歡或贊同這些體驗，而是認識到它們是人類經驗的自然部分，允許它們存在而不與其抗爭。
- 認知脫鉤（Cognitive Defusion）：能幫助你學會從自己的思維中抽離出來，認識到想法僅僅是心理事件，而非客觀現實。利用各種技巧，如記錄法、觀察思維或進行後設認知（按：對自己的認知過程思考），可以減少對思維內容的認同，降低其影響力。

- 正念冥想（Mindfulness）：正念冥想在這裡作為一項工具，幫助你實現對當前時刻的全面覺知，不加批判的關注當前的經驗，這有助於你脫離自動化的思維模式，增強對自身體驗的覺察力。
- 自我即脈絡（Self-as-context）：這是你需要重點理解的一部分。你可以想像有一塊沒有邊際的棋盤，上面黑白棋子對峙，白棋象徵積極體驗，黑棋則代表消極體驗。通常人們往往會本能的傾向於，在心裡助力白棋戰勝黑棋，視黑棋的增勢為自我價值感的直接威脅，於是，生活中的某些經歷和想法，不幸的成為自我內部的對立面。

如果你轉變視角，不是將自己認同為棋局中的任何一方，而是認識到自己其實是承載這一切的棋盤本身。也就意味著，不論是開心還是痛苦的記憶，積極或是消極的想法，都如同棋盤上的黑白棋子，在棋盤上自由移動、相互作用，而棋盤始終是這一切發生的舞臺，它超然於棋局之外，靜觀一切變化。以這樣一個自我即脈絡的想像，你就能領悟到，自我並非由那些固定標籤所限定的，而是更為廣闊、多元的存在。你不再是棋盤上的對弈者，拚命掙扎於勝負之間，而是成為一個能夠容納所有體驗的容器。這種轉變讓你不再將負面經歷，視為必須驅逐的敵人，而是接納它們為生活整體的一部分，進而增強與當下的深刻聯結，活在當下學會在生活的波瀾中安然自處，而非困於過往的戰場或未來的幻想。

- 價值澄清法（Values Clarification）：是指引個人生活方向的深層信念和願望。在ACT中，鼓勵探索並明確自己的核心價值觀，並將其作為行動指南。
- 承諾行動（Committed Action）：基於個人價值觀，制訂並實施具體、有意義的行動計畫，即使面對恐懼、不確定性和挑戰也要持續行動。這涉及設定小步驟，逐步朝向個人願景和目標前進。

如何執行接受與承諾療法

接下來，讓我們透過一個有關於「你」的思想實驗，具體說說如何一步步踐行接受與承諾療法。

請想像你是一個專案負責人，工作能力出眾，但時常因為追求完美而深陷自我批判的漩渦。最近，由你負責的一個重大專案的銷售數據遭遇了斷崖式下滑，這讓你感到極度焦慮和自責，你開始質疑自己的能力，擔心這次的挫折會影響你的職業前景。隨之而來的是失眠、工作效率的下滑，你的狀態甚至影響到團隊的氛圍。

第一步：自我接納。開始嘗試接納自己當前的焦慮和自責情緒，而不是一味的抗拒或否認。你開始學著允許這些情緒存在，意識到它們是面對挑戰時自然的心理反應，而不是對自我價值的否定。

第二步：認知脫鉤。當腦海中響起「我做不到」、「我不夠好」的聲音時，你可以嘗試使用日記法，把這些讓你感到焦慮或自我批判的內容寫下來。日記能幫助你看清楚哪些是你的情緒，而哪些才是真正的問題。

第三步：正念冥想。每天實踐這個工具。因為自我批判涉及的內容通常發生在過去，焦慮的事情往往發生在未來，而正念冥想則是透過諸如專注於呼吸、專注於腳底的觸感等策略，強行把自己固定在當下。這樣一來，你才更容易在日常工作中保持清醒的頭腦，減少因過分擔憂過去或未來而產生的壓力，客觀上提高了處理當下問題的能力。

第四步：自我即脈絡。你開始將自己視作那個廣闊的棋盤，而非棋盤上任何一個棋子。當你再次面對專案的挑戰和內心的掙扎時，想像所有的焦慮、自責、成功的喜悅，失敗的痛苦如同棋盤上的黑白棋子，它們來來去去，而你作為棋盤，只是靜靜觀察這一切的發生，不被任何一方所定義或局限。這種視角的轉換，幫助你從更寬廣的角度看待目前的困境，理解挫折和成功都是構成你完整人生經歷的一部分，而非決定你全部價值的標準。

第五步：價值澄清法。經過內省，你清晰的釐清了自己在職業生涯中真正重視的價值，弄清楚了到底什麼對你來說是重要、什麼可能更重要。比如專案銷售額的確重要，但它只產生短期的影響。一方面，如果你能夠在後期力挽狂瀾，這更能展現你的能力；另一方面，哪怕退一步講：十個專案，往往七八個會不順利，可是那又怎麼樣？對你來說，真正重要的是代表作。

十個項目裡，只要有兩到三個出彩就足夠了，這就是你可以寫進履歷裡的代表作。可以提醒自己：「盡人事，聽天命，對過程苛刻，對結果釋懷。哪怕最後該專案不得不放棄，只要後續我能做出新的代表作，怕什麼？」

第六步：承諾行動。得到創始人羅振宇曾說：「一行動，就創新；一具體，就深刻；一困惑，就出門。行動、具體、出門，都是你最終解決問題的良策。」

所以，既然根據前面的步驟，你已經分清楚了哪些是情緒、哪些是事實、哪些只是短期重要、哪些中長期更重要？那麼，你就可以根據事實，根據每件事情的重要程度，以當下為起點，重新來制訂實際、可行的行動計畫。

值得特別強調的是，在實踐過程中，無須過分憂慮最終成效，將重心放在行動實施的過程上即可。成功與否是一切的結果，而行動和過程才是原因。假如面臨的任務顯得尤為艱鉅，不妨採取拆解策略，將大任務化解為一系列小步驟，循序漸進的攻克。每達成一個小里程碑，都是對自信的一次累積，助你逐步建立起強大的自我效能感。此策略被稱為「小步快跑法」，意在透過快速達成小目標來加速動力與信心的累積進程。

當你踐行這六步法之後，隨著時間的推移，你會發現，自我批判的聲音逐漸減弱了，取而代之的是對自己更為寬容和理解的態度。團隊成員也必將感受到你的變化，彼此之間的信任和合作精神也能得到加強，專案也可能逐漸回到正軌。更重要的是，你找到了自己的北極星指標，實現了個人成長與職業目標的和諧統一。

不受力的思考

正如哲學家佛里德里希．尼采（Friedrich Nietzsche）所言：「你有你的路，我有我的路。至於適當的路，正確的路和唯一的路，這樣的路並不存在。」

在人生的旅途中，我們每個人都是獨一無二的行者，背負著各自的期望與負擔。接受和承諾療法教會我們如何擁抱風雨，如何在崎嶇的道路中找到自己的節奏、繼續前行。真正的力量源於接受自己的脆弱、承諾於自己的成長，活出每一次呼吸間的堅韌與美好。

5 運動，性價比最高的工具

第五種工具是：運動。是的，你沒有看錯，運動不僅是對體魄的鍛鍊，更是讓我們從精神受力狀態中恢復的工具。而且運動還以其極高的效益和迅速見效的特點，成為一款性價比極高的工具。

運動改善情緒

運動為什麼可以改善情緒呢？

首先，當我們運動時，身體會產生一系列化學反應，其中最為人熟知的就是腦內啡的釋放。它是一種天然的化學物質，能夠減輕疼痛感並引發愉悅感。這種效應讓我們在運動後感到輕鬆愉快，彷彿給心靈做了一次深度按摩。

知名作家村上春樹，曾經一度在精神上受到創作重任與生活瑣事的雙重壓力。為了確保精力充沛，他進行了一套嚴苛的日程：每天四點起床，寫完四千字後，接著跑步十公里。

就這樣堅持了三十年，他不僅減掉了中年人的肚腩、戒掉了菸癮的束縛，最寶貴的是他透過跑步，擁有了與自己相處的時間，運動中大腦分泌的腦內啡讓他從焦慮中解脫出來，使他體驗到前所未有的心靈寧靜。跑步對他而言，變成一種日常的情緒調節機制，幫助他在面對創作的孤獨與挑戰時，保持心態的平衡與積極。

正如他在作品中描繪的跑完馬拉松的畫面：「我終於坐在地上，用毛巾擦汗、盡興的喝水。解開跑鞋的鞋帶，在周遭一片蒼茫暮色中，精心的做腳腕舒展運動，這是一個人的喜悅。體內那彷彿牢固繩結的東西，正在一點點解開。」

其次，在運動的過程中，多巴胺也會被釋放出來。

什麼是多巴胺？它是一種神經遞質，通常與愉悅感、獎勵感和動機互相關聯。在大腦的獎賞系統中扮演關鍵角色，當我們從事令人愉快的活動，或是期待某些獎勵時，水平則會升高。

運動作為一種積極行為，能夠促進多巴胺的分泌，從而提升我們的情緒水平，增加幸福感，並激勵我們繼續參與這樣的活動。這種正面回饋循環不僅能夠即時提升情緒，長期來看還能夠幫助樹立更加積極的生活態度和習慣。一位跑步上癮的網友是這樣說的：

跑步這一年多，本來是因為要減肥，結果得到的好處多到數不清。每次跑完步一洗澡，看看鏡子，發現自己身材越來越有型，那感覺簡直太爽了！生活裡有太多東西我們控制不了，但看到自己的身體一點點變好，這種能把握自己身體的感覺，真的很棒。現在我這大腿、小腿線條一出來，心裡那個美啊，覺得自己挺能堅持、挺能吃苦的，成就感爆棚！

跑完步，我整個人跟充了電似的，精神好、腦子轉得快，幹什麼事都特麻利。不像不跑步的時候，上午總有點迷糊，效率低得不行。可是一旦跑起來，早上起來就像變了個人，什麼工作都不在話下，感覺沒我搞不定的難題，總是自信滿滿，什麼都敢碰一碰。

再說睡眠，自從運動規律了，好睡眠那是手到擒來。每天跑個四十分鐘左右，下午精神飽滿，工作起來效率翻倍，晚上沾枕頭就睡，一覺到天亮，別提多美了。還有啊，跑步在無形中還讓我注意起了吃。我現在講究營養均衡，不吃撐、不亂吃，向著更健康的生活邁進。這些都是從那簡單的跑步開始的，卻沒想到一步步帶我走進了一個身心超級和諧的新天地。

村上春樹也在《關於跑步，我說的其實是……》中寫過一句話：「境況越是糟糕，我們就越拚命去跑。」人生又何嘗不是一場馬拉松，在這場不如意十之八九的旅途中，運動就是治癒你的良藥。

如何讓自己堅持運動

從知道到做到向來有一道鴻溝，這就是知行合一為什麼向來如此困難的原因。但我們可以透過行為設計，讓我們更容易的養成運動的習慣。接下來，我就為你介紹，我自己踐行下來十分有效的三招，讓你也能輕鬆養成運動的習慣。

第一招：給自己選擇權。

運動的世界遠不止跑步這一項，它包含了許多形式，每個人都能在眾多選項中找到適合自己的運動，使之成為一種樂在其中的生活享受，而非沉重的負擔。關鍵在於探索與嘗試，直到遇見那份屬於你的運動情緣。

不必拘泥於同一種運動方式，多樣的選擇不僅能夠保持新鮮感、避免枯燥，還能靈活適應你的身體狀態和情緒變化。陰雨綿綿的日子裡，不妨在室內嘗試跳繩的輕盈節奏，而當陽光明媚時，邁開步伐在戶外快走，讓自然的風光成為你運動的最佳伴侶。

以我個人為例，雨天時，我會在室內的小空間內開展我的跳繩計畫。每次持續跳繩一分鐘，隨後查看智慧手環監測到的心率，一般會攀升至一百一十至一百三十次／分鐘的理想區間，這時稍微慢走一兩分鐘，待心率降至約一百次／分鐘，再進行下一組跳繩。這樣循環往復，大約二十分鐘內我就能輕鬆完成八至九組，既高效又富有趣味；至於晴朗的好天氣，我更傾向於走出家門，在社區的綠意環繞中快走，耳畔伴著藍牙耳機傳遞的摯愛播客（Podcast）節目，二十至三十分鐘的時光在享受與學習中悄然流逝，讓鍛鍊成為一種心靈與身體的雙重旅行。

第二招：從一分鐘運動開始。

當具體運動選項擺在面前，下一步便是巧妙引導你的行動步入正軌。一個屢試不爽的策略是，從微小的「一分鐘挑戰」啟程。

為何偏偏選擇一分鐘作為起始點？道理很簡單：過高的期望往往是持續行動的大敵。記住我們的原則「先完成，再完美」。將每日運動的門檻設為僅僅一分鐘，你能輕鬆跨越，而每一次的成功實踐都是對自我能力的一次肯定。奇妙的是，一旦邁出了那簡單的第一步，身體和心理的慣性往往會驅使你繼續，而二十至三十分鐘的運動不經意間就成為現實。

回想起我初建運動常規時，運動似乎總是伴隨著艱辛與掙扎。但轉變始於我將目標精簡為每日運動一分鐘，我的內心立刻將這項任務視作輕而易舉的小事，降低了啟動的阻力，使我更願意踏出第一步。這便是利用行為心理的微妙作用，讓習慣的培養之路少了一份抗拒，多了一份自然而然。

第三招：**踐行「三個固定」。所謂的三個固定指的是，在不變的時間、地點執行固定的鍛鍊項目。**

以我個人為例，每天早晨七點四十五分，就是我雷打不動的鍛鍊時刻。那一刻，我總會抓起我那醒目的橙色跳繩，在房間的中央劃出一片專屬運動的天地。這套三個固定的奧祕，在於它在特定時空構建了一個專屬運動的儀式感。

隨著日復一日的重複，這片特定的時空彷彿被賦予了魔力，逐漸強化成一種強有力的暗示，促使運動成為自然而然的行為模式。久而久之，正如睡前不刷牙會感到不適，到了預定的鍛鍊時間若不活動一番，身體和心靈都會不由自主的，渴望運動帶來的暢快與滿足。

不受力的思考

在古希臘奧林匹亞阿爾菲斯河岸的岩壁上，刻著這樣一句話：「如果你想聰明，跑步吧；如果你想強壯，跑步吧。」

遭遇誤會，心情沉重之際，與其輾轉反側消耗自我，不如投身運動釋懷。動起來，讓身體的律動驅散心頭陰霾，重拾心靈的平和與自由。

第五章

人生必備
四大支撐系統

1 利用四種快樂激素

在先前的章節中，我們攜手漫步於各式精神挑戰的叢林，探討了應對策略與自我賦能的工具。終章則轉而聚焦於構築你內在的堅固基石——那些使你在風雨飄搖中依然屹立不倒的根本力量。

恰如樹根之於參天大樹，根基越深固，外界風暴再猛烈也無法撼動。這一章，將揭示如何透過深化自我修養、強化內在支柱，確保你在面對生活施加的種種重壓時能夠處之泰然。

一個人如何才能擁有穩定的情緒？首先，我們需要弄清楚情緒的本質是什麼？

情緒是一種資源

哈佛大學教授史蒂芬．霍布福爾（Stevan Hobfoll）在一九八八年提出了一個深刻見解：「個體不斷的致力於守護與積累他們珍視的資本，這涵蓋了物質財富、情緒資源乃至社會聯繫等多個層面。」霍布福爾的理論核心在於，情緒並不單純是無形的感受流動，實質上是一種如同金錢般寶貴且須管理的資源。在面對挑戰、深入工作之時，除了專業知識的運用，我們還須動用注意力、集中精神以抵抗干擾，此過程便涉及情緒資源的積極調動與消耗。

如同汽車的燃油有限，情緒能量亦非取之不盡。如果過度使用而不及時補充，情緒能量便會面臨枯竭。人類的本能會將資源的流失視為潛在威脅，一旦察覺資源快速流失，生理與心理機制便會啟動，試圖阻止進一步的損耗。諸如突然渴望離職或渴望休息，往往是情緒資源告急時，內心深處發出的自我保護信號，霍布福爾將其歸納為「資源保存理論」（Conservation of Resource Theory，簡稱ＣＯＲ）。

試想某個場景，平日裡的社交達人，在夜晚友人聚會時卻沉默寡言，彷彿白日的勞碌已將他的情緒油箱抽乾，這便是情緒資源耗盡的直觀展現。

馬克・祖克柏（Mark Zuckerberg）的灰色T恤、史蒂夫・賈伯斯（Steve Jobs）的黑色高領衫，看似尋常一成不變的衣著背後，隱藏著這些科技巨擘對情緒資源的精妙掌控。他們深知，將日常決策簡化至極致，如統一的著裝風格，能有效規避瑣事的侵擾，將有限的情緒資源傾注於更具創造性的事情上。這不僅是對效率的極致追求，更是對心智資源的智慧投資，從而在紛繁複雜的世界中保持內心的寧靜與專注。

在處理資源問題時，傳統智慧教導我們重視開源與節流。同樣的，既然情緒也是一種資源，如果想要擁有堅實穩定的情緒資源，關鍵也在於實行情緒領域的開源節流。

在先前章節中我們深入探討了多種策略，專注於如何有效的遏制情緒消耗，即節流之法。而現在讓我們轉換視角，從短期與長期兩個時間層面入手，探討如何拓寬途徑，增加你的情緒能量來源開源之道，從而確保情緒資源的持續穩定與豐盈。

短期生理性：四種快樂激素

你看過皮克斯動畫工作室的動畫片《腦筋急轉彎》（*Inside Out*）嗎？請你

想像一下，在你的大腦深處也有四個小人，分別負責調控著你的情緒，它們就來自你的神經系統與內分泌系統。這四個小人分別是多巴胺、腦內啡、血清素（Serotonin）和催產素（Oxytocin）。

第一個小人是多巴胺。我們之前提到過，多巴胺是一種能激發愉悅和動機的獎勵激素。當你在炎炎夏日、身心俱疲之際，一杯冰爽的飲料所帶來的愉悅，正是多巴胺在神經迴路中釋放的獎勵信號。**這種即時滿足感，能快速提升我們的情緒狀態**。然而，過度依賴多巴胺的獎勵機制，卻可能讓我們陷入一個惡性循環。例如，職場人士的過勞肥，往往是由於長期高壓的工作狀態，透支了他們的情緒能量，進而將食物作為一種替代性的多巴胺來源。這種對快感的不健康追求，不僅不利於身體健康，更可能導致心理上的依賴，形成一種新的壓力來源。

在此分享一個簡單而又健康的多巴胺來源。每天規畫日常待辦事項，並在事項完成後逐一勾銷，這一簡單行為本身就是刺激多巴胺分泌的妙方，而且還無須擔憂任何負面影響。這種成就感源於大腦對完成任務的積極回饋，它不僅能提升我們的愉悅感，更能增強我們的自信心和掌控感。

第二個小人是腦內啡。這種激素宛如自然界的嗎啡（Morphine），擔當著卓越的內在鎮痛劑角色。腦內啡扮演一種補償性角色，遵循苦盡甘來的原則，**其效果相較於多巴胺，不僅層次更為深遠，持續時間也更為長久**。那麼，該如何有效啟動這份內在的愉悅源泉？

完成具有一定挑戰性的任務，是提升腦內啡水平的高效策略，舉個例子，你可以嘗試撰寫一篇三千字的深度文章，或是悉心創作並剪輯一段三分鐘時長的短影音。數小時沉浸於這樣的創造性工作，足以讓你的體內湧動起豐富的腦內啡浪潮。

有種說法「窮人沉迷多巴胺，富人追求腦內啡」，雖說有些過度簡化和直接，但也有一定道理。畢竟做難而正確的事情，更能讓一個人變得稀缺，建立起個人護城河。

第三個小人是血清素，是**情緒調節的高手、心情的穩定器**。血清素在我們的體內扮演著情緒導師的角色，確保情緒的河流平穩流淌。一旦血清素水平滑落，焦慮的陰雲、煩躁的心情，乃至腸胃不適和夜晚的輾轉反側都可能接二連三的到訪。反之，保持血清素的均衡，就像是為心靈開了一扇窗，讓平和與專注的陽光照進來，甚至引領我們達到心流境界，那種全情投入、渾然忘我的美妙狀態。

晒晒太陽、正念冥想、感恩練習都能有效的提升體內的血清素水平。有一位知名出版社的總經理曾經向我分享，他以前經常失眠，後來每天在睡覺前，想想今天發生的三件好事，哪怕只是閉著眼睛回憶一下，這麼一個簡單的感恩練習就能幫助他晚上睡個好覺。

第四個小人是催產素，是社交黏著劑，在人際互動的溫暖瞬間悄然釋放。**它也被尊稱為愛的激素，除了有效驅散壓力的陰霾，還能夠激發一種深切的歸屬感**，讓人在心與心的交流中感受到溫暖。

如果你有愛人，和他擁抱和親吻可以分泌催產素；如果你有一隻寵物，和牠玩耍，也能分泌催產素；如果你這兩樣都沒有，哪怕只是和他人互相表達欣賞和讚美，也都能分泌催產素。

現在開始實踐這四種快樂激素分泌的行動吧，讓它們在你的日常生活中，源源不斷的補充你的情緒資源。

長期心理性：漸進式勝利

心理性開源的精髓在於，將負面情緒化為推動前行的動力引擎。在《動機心理學》（*Motivation Science*）的書中視野下，一個人追求的動因，分為嚮往快樂的正面激勵與逃離苦難的負面激勵兩大類。儘管直接從負面情緒轉化而來的動機，看似無法直接為情緒資源儲值，但這些動機觸發的實踐與努力，在時間的發酵下，最終會如同播種後的豐收，能夠顯著豐富你的情緒資產。

以我個人的親身經歷為例，二〇一三年我迎來了職業生涯中的一個轉捩點，晉升至管理職位，本以為是攀登高峰的開始，卻不料這一步也邁入了個人挑戰的深淵。管理工作的初體驗並非如預期中的風光無限，反而成了夢魘的序章。面對團隊中的新手難以快速成長，資深成員又對我這位新主管有所保留的挑戰，連續兩年我的工作表現都跌落谷底，年終獎金也因此大幅縮水。

但正是在那段倍感壓力與挑戰的時期，我被迫深入省思：我的人生使命究竟是什麼？我應當採取何種行動，以實現內心深處的志向？二〇一四年我踏出了變革的第一步，勇敢報考了一所頂尖的重點高等學府的ＭＢＡ學位，經過一番激烈角逐，從五十名備考者中脫穎而出，成為最終被錄取的五名幸運兒之一。緊接著，隔年年末我註冊了個人公眾號，從此筆耕不輟。終於，某篇關於心理學的洞見之作，被網路平臺簡書的主編發現，並上了首頁，不僅收穫了海量閱讀量，更意外的得到了人民郵電出版社編輯的青睞，從此我開啟了撰寫書籍的新篇章，踏上了一條文字鋪就的探索與成長之路。

透過心理性開源，我在一個較長的週期裡，走出了一條職場人少有人走的路，找到了自己的人生使命，還因出版書籍而獲得了版稅收入，這些被動收入賦予了我選擇生活方式的自由。

這樣的財務安全感無形中讓我的心靈得到了安寧，也為我積累了豐富的情緒資源，這些資源如同堅固的鎧甲，讓我在面對職場上的嚴苛要求和挑戰時，都能保持堅韌不拔。更重要的是，這一過程開啟了自我提升的無限可能，讓我向著更加完善的自我不斷邁進。

儘管這一轉變過程橫跨了較長時間，是一段漫長的漸進式勝利，但心理性開源對你而言並非遙不可及，你也完全可以仿效實踐，在自己的生活舞臺上演出一場漫長但實質性的蛻變，最終實現內心情緒資源的穩定與豐盈。

不受力的思考

日本心理學家加藤諦三說：「你的情緒是屬於自己的曠野，而不是別人的賽馬場。」

既然是自留地，就要設法開源節流。短期來看，科學利用四種快樂激素（多巴胺、腦內啡、血清素、催產素）對你的情緒滋養，來實現生理性開源；長期來看，將過往的挑戰與壓力轉化為行動，並最終匯聚成內心的力量，漸進式的實現心理性開源。

2 讀讀心理學吧！

古時候，當月食發生時，所有人都會焦慮起來，以為是天狗食月，這背後是人們對自然現象缺乏科學認知的表現。但隨著時代的更迭，人類積累了豐富的知識儲備，這些知識逐漸成為我們理解世界、對抗未知與無常的堅實支撐。

在人生旅途中，你會遇到各類風雨和挑戰。如果你提前洞察了問題的本質，自然就能從容的做出更加理性的判斷，找到更好的應對策略。但正如莊子所言：「吾生也有涯，而知也無涯。以有涯隨無涯，殆已！」因此，為了高效累積寶貴的知識財富，你可遵循「二八法則」（Pareto principle）的智慧，合理規畫學習內容。代表著識別並專注於對你來說至關重要的二〇％的知識精華——那些能夠撬動職業生涯發展的關鍵領域。

這些內容能超越時代變遷、觸及事物根本原理，它們不隨流行趨勢波動，而是構成認知自我乃至以此為起點，繼而認識整個世界的根本。在具體的知識選擇上，如果只能率先從一個領域開始深入探索，我會推薦你優先探索心理學。

為什麼先從心理學開始

心理學，這門深入探究人類心靈的學科，不僅能讓我們更透澈的理解他人，還能使我們更深刻的認識自己。學習心理學，我們可以提升自我認知、增強心理彈性，從而更好的應對生活中的各種挑戰。

每個人都有自己獨特的思維方式，這些思維方式往往是潛意識的，我們並不能總是意識到它們的存在。心理學有如揭開我們思維模式的面紗，讓我們看清自己的思維習慣、認知偏見和思維定式。例如，當我們總是擔心未來會發生壞事時，心理學可以幫助我們識別出這種災難化思維，並透過認知行為療法等方法，來改變這種思維模式。

情感是人類體驗的重要組成部分，但我們總是無法理解自己的情感。心理學能幫助我們了解情感的來源，以及它們如何影響我們的行為。當我們感到憤怒時，心理學可以告訴我們，憤怒往往源於需求沒有得到滿足，或者價值觀受到了挑戰。**了解憤怒的根源，我們就能更好的管理自己的情緒，避免做出衝動的決定。**

我們的行為往往由深層次的動機驅動。心理學幫助我們探索這些動機，了解它們是如何影響我們的選擇。又例如，當我們總是拖延任務時，心理學可以幫助我們找出導致拖延的深層原因，可能是因為我們害怕失敗，或者是對任務本身沒有興趣。了解這些動機，我們可以採取相應的措施來克服拖延。

很多人都熟知美國政治家班傑明・富蘭克林（Benjamin Franklin）的名言：「早睡早起使人健康、富有、聰明。」即便知道早起的好處，還是難以做到。我在《行為上癮》一書中探討了一個關於人類行為的公式：B＝MAT。其中，B代表行為（behavior）；M代表動機（motivation）；A代表能力（ability）；T代表觸發因素（trigger）。任何行為的發生都需要這三個要素的共同作用。

從早起來講，許多人並非缺乏其能力，而是缺乏足夠的動機。這裡有一個簡單的方法可以幫助你克服這個問題：設置兩個鬧鐘，一個放在床頭，另一個放在客廳，客廳的鬧鐘比床頭的鬧鐘晚五分鐘響。第二天早上，當床頭的鬧鐘響起時，如果你不起床，去客廳關掉那個稍後會響的鬧鐘，它就會吵醒全家。為了避免被家人責備，你會有足夠的動機立刻起床。而當你走到客廳時，活動的身體會讓你更容易擺脫睡意，從而有助於你實現早起的目標。透過這個方法，你可以利用內在和外在的動機來調整自己的行為習慣，而達到早起的目的。

同時，儘管我們身處一個快速變化的世界，但人類的心理活動仍然受到古老進化機制的制約。這意味著人類心理活動的基本規律在短期內不會改變，所以心理學的理論和實踐具有持久的價值。無論是個人成長、職業發展還是社會交往，心理學都能提供寶貴的見解和實用的工具。

你可以先從哪裡開始入手

你可以將了解和學習人類誤判心理學（The Psychology of Human Misjudgment）作為你的起點。什麼是人類誤判心理學？是一門研究人們在面對決策時，常常出現的認知偏差和錯誤判斷的學科。它揭示了人們在日常生活、工作乃至重大決策中，如何受到各種心理偏見的影響，從而導致非理性的決定。了解這些常見的認知偏差，我們可以更好的認識自己，避免重複這些錯誤，並在日常生活中做出更加明智的選擇。

這一領域揭示個體在決策過程中的種種非理性傾向，人類誤判心理學能為我們提供一面鏡子，映照出內心的偏見與盲點，從而指導我們在認知偏差的迷霧中找到清晰的方向。

例如，確認偏誤（Confirmation bias）是指人們傾向於尋找、解讀以及記住那些能夠驗證自己既有觀念或假設的資訊，而忽視或輕視與之相矛盾的證據。這一偏誤在社群媒體和資訊超載的時代尤為顯著，它可能導致群體極化（Group polarization，按：指一群體討論後，意見會從最初的結果傾向更極端的決定）和社會分歧。我們應當主動尋求反面觀點，保持開放心態，以便做出更為全面和客觀的判斷。

又如過度自信效應（Overconfidence effect），描述了人們往往過於相信自己的判斷和能力，即便是在缺乏充分資訊或技能的情況下也是如此。在投資、預測未來趨勢或評估個人能力時，這種效應可能導致災難性的決策。透過了解過度自信的傾向，我們可以學會設置現實的目標進行風險評估，並採取措施來校正自己的預估，比如透過多元化策略分散風險。

以及損失迴避（Loss aversion），它是行為經濟學中的一個重要概念，指的是相對於獲取等量利益，人們對於損失有著更強的負面反應。這種心理機制解釋了為何人們在面對可能的損失時，往往會變得保守甚至規避風險。了解損失迴避可以幫助我們設計激勵機制，避免因恐懼損失而錯失良機，同時學會在權衡收益與風險時變得更加理性。

此外，取樣偏誤（Sampling bias），揭示了人們在評估機率時傾向於依賴事物的典型特徵而非實際統計數據；定錨效應（Anchoring Effect），則說明了首因影響的強烈性，初次接收到的資訊會無意識的左右，我們後續的判斷和決策過程；從眾效應（Bandwagon effect）則說明人們往往不自覺的追隨大眾的行為與看法，哪怕這與個人的理性判斷相左。

這些都是人類誤判心理學的研究範圍。我在《熵增定律》與《熵減法則》這兩本書中深入挖掘並擴展了這些內容，旨在識別並糾正這些心理認知偏差，以實現更理性的決策與認知優化。

深入學習這些心理機制，你不僅能夠更好的認識自己，意識到潛意識中可能影響判斷的偏見，還能增強對他人的理解與同情，提升團隊合作與溝通的效果。在實際生活中，這將引導我們制訂更為周全的計畫，做出更加理性的決策，避免落入思維的陷阱，進而促進個人成長。

不受力的思考

古希臘哲學家蘇格拉底說：「我只知道一件事，那就是我一無所知。」我們也應當保持這份謙卑與好奇，讓學習成為一生的修行。

在不斷積累與實踐中，你會發現，真正的智慧不僅僅是知識的累積，更是在於理解、同情與行動的完美融合。最終，當你站在知識的高峰回望，會發現曾經看似不可逾越的挑戰，都已化作腳下的風景。

3 構建足夠的經濟基礎

請想像一下，如果哪怕你不工作，每月的工資外收入已然超出日常開銷的雙倍至三倍。面對生活投擲給你的種種挑戰，你的心靈堡壘是否會在這樣的經濟安全感中，變得更加堅不可摧？這正是這種堅實的經濟後盾，賦予了你無比的心理韌性。

那麼，如何才能砌築起這樣堅實的經濟基礎？接下來，我將與你分享一份來自美國學者湯姆．柯利（Tom Corley）長達五年的研究，他調查一百七十七位白手起家的富人和一百二十八位窮人，最終找到了三個行之有效的富有習慣，你也可以實際練習這些習慣，踏上財富累積的旅程。

第一個習慣：克制

克制，換一個詞來表述，就是延遲滿足。這意味著，你願意在當下放棄即時的歡愉，以換取未來更大的回報。克制在具體的踐行中，可以展現在三個方面。

第一，節儉。或許你會詫異，投資界巨擘華倫・巴菲特（Warren Buffett）的錢包中竟常備著麥當勞的優惠券。這一細節深深刻在了比爾・蓋茲（Bill Gates）的記憶中，多年後他在致巴菲特的信函中提及此事：「還記得我們的香港之旅嗎？共進午餐時選擇了麥當勞，你慷慨的提出由你來結帳，隨後你伸手入兜，取出的竟是……一張優惠券！」

對於尋常人而言，這背後折射出雙重心理考量：其一，是否有意識並願意在生活中力行節儉，哪怕是保留優惠券這樣的細微之舉；其二，當與身分顯赫之士共餐時，你是否有勇氣和自信，打破常規、實踐節儉之道，即便這可能被誤解為小氣。這不僅是關於金錢的精打細算，更是對個人價值觀與自信心的考驗。

第二，儲蓄。你是否養成將收入的一部分存起來的習慣？在每月薪酬到帳的那一刻，是否會自動預留至少一〇%作為儲蓄？我感到十分慶幸，因為在職業生涯的起步階段，我就奠定了儲蓄的基礎，而且我採取的策略更為進取，將收入的五〇％直接劃入儲蓄範疇。儘管起初我的月薪僅有兩千元，但滴水穿石，時間見證了這些微小積累的巨大轉變。

更重要的是，當你的手上有一筆閒錢後，你應會設法了解各類理財策略，讓錢生錢。如果你有十萬元儲蓄，這筆錢每年就能為你貢獻兩千五百至四千元的被動收入；如果你繼續努力增加自己的儲蓄數額，這筆穩定的被動收入額也會隨之擴大。

第三，分得清需求和欲望。何謂需求？微軟的 Surface Pro，我視之為必備工具，因為它輕巧便攜，能輕鬆收納於背包中，無論是在高鐵站、機場，還是在飯店，都能隨時成為我靈感迸發時的寫作夥伴；何謂欲望？諸如空拍機，或許初見時為在旅途中捕捉壯麗景象的能力所吸引，感覺炫酷非凡。但冷靜思考，真的會頻繁使用嗎？又或僅僅是一時興起，購回後便束之高閣？

為此，我採納了一個實用策略來界定兩者：每當心中湧動強烈的購物衝動時，我便將商品加入虛擬購物車，但暫不結帳，讓時間充當裁判。如果一個月後，那份渴望依舊熱烈，這表明它是真正的需求，值得擁有；反之，若熱情消退，它便僅僅是轉瞬即逝的欲望，我只需輕輕一點，從購物車中優雅釋放，使其不再占據我心中的位置與未來的預算。

第二個習慣：提升認知

我們都知道選擇大於努力。那麼如何才能選對行業、選對專案、選對合適的合作夥伴，甚至寫一本書的時候選對正確的主題呢？答案是：提升認知。提升認知可以透過兩個路徑來實現。

第一，多讀書。正如查理．蒙格所形容，巴菲特彷彿是一個移動的圖書館，他的智慧很大程度上，源自他對書籍的熱愛與深度閱讀。

誠然，社會上不乏書中觀點未必皆正確的聲音，但須知中國正規出版的每一本書籍在面世前，均須經過嚴格的三審三校一讀的流程，確保內容的準確性和邏輯性。相比網路上零散、未經嚴格審核的資訊，書籍在內容的精確度與結構層次上通常具有無可比擬的優勢。

更進一步講，書籍能提供系統性的知識框架和深度見解，促進讀者形成更為全面和深入的理解，而非僅僅停留在表面資訊的汲取。透過閱讀書籍，你不僅能夠吸收前人的智慧結晶，還能在不同思想的碰撞中激發新的思考，這種深度與廣度的結合，是閱覽碎片化資訊難以比擬的。閱讀書籍能潛移默化的提升個人的思維能力和決策品質，為構建堅實的經濟基礎和心理韌性，提供不可或缺的支援。林語堂曾說：「讀書，開茅塞，除鄙見，得新知，增學問，廣識見，養性靈。」

第二，多見人。小米的創始人雷軍說過：「面對未知與難題，主動尋求他人的智慧尤為重要。」在構建經濟基礎的實踐道路上，如果我們遇到困惑或不確定如何前行，最直接有效的方法就是，向身邊在這方面已經取得顯著成就的人討教。

年少的賈伯斯，尚在高中求學之時，便勇於跨越界限，僅憑一通電話便與科技公司惠普的首席執行官比爾．惠烈（Bill Hewlett）搭上了線，此番行動不僅讓他獲得了在惠普學習技術的寶貴機會，也為他日後創辦蘋果公司埋下了伏筆。

美國學者湯馬斯．佛里曼（Thomas Friedman）指出，我們社交圈的成就水平，往往是衡量自身成功的一個尺規。人與人之間的影響，如同流水般相互滲透。與優秀的人來往，你才會擁有更高水平的認知，更容易做對選擇，變得更優秀。

第三個習慣：審慎的投資

你可能聽過一句話：「生活上吝嗇，投資上揮金如土。」如果你尚屬投資新手，務必謹慎涉足。建議起初僅以儲蓄額的五%作為探路資金，以此嘗試了解某個投資領域。

回溯至二〇一五年，國內市場迎來一波牛市熱潮，辦公室的日常對話幾乎都被午間股市談占據，同事們熱衷於分享各自買入的股票及其盈利情況，彼此間的比較和炫耀屢見不鮮。彼時，我深諳自身對股市認知有限，故而決定僅投入五千元作為股市學習的入門費。短短三個月，隨著持股價值翻倍至一萬元，我成了同事們眼中過於保守的對象，他們紛紛質疑為何我不願加大投資。

然而好景不長，上證指數隨後急劇下滑，那一萬元迅速縮水至兩千元。這個經歷讓我深刻領悟到，華爾街的一項冷酷法則「八〇／五〇法則」，即在牛市之後，大約八〇%的股票會從峰值下跌至少五〇%，更有五〇%的股票跌幅會達到八〇%以上。

我暗自慶幸，相較於那些推崇「ALL IN」（全倉投入）的同事，我的小規模嘗試，實際虧損三千元，為我換取了寶貴的股市教育。自此我遵循巴菲特的智慧，作為普通投資者，專注於指數基金投資，遠離個股的直接買賣，這成為我投資策略的堅實基礎。

不受力的思考

在財富累積的征途上，每一個選擇都鋪就了通往自由的道路。真正的財富不僅是金錢的累積，更是心智的成熟。通過實踐節儉、儲蓄，區分需求與欲望，提升個人認知以及堅持謹慎的投資原則，你將逐步建立起不僅穩固而且富有韌性的經濟城堡，讓心靈在經濟安全感的港灣中越發強大。

4 可控的生活節奏

你有理想的生活節奏嗎？它應該是令你舒服、符合你內心目標，讓你每天都能有獲得感。在快節奏與高壓力的現代社會，我們往往被外界的喧囂推著走，忘了停下來思考，什麼才是真正適合自己的步伐。

理想的生活節奏，不是別人眼中的應該，而是你內心深處的想要。在我看來，理想的生活節奏要滿足三個條件：時間自由、地點自由、精神自由。

三個自由

時間自由，意味著你能夠掌控自己的時間表，不必受制於他人的期望或外部強加的時限。你可以靈活的安排工作與休息，確保有充足的時間用於個人成長、家庭陪伴或純粹的休閒娛樂。早晨不必在刺耳的鬧鈴聲中驚醒，夜晚也不必因明日的繁忙而焦慮難眠。你有權利決定何時開始工作、何時停下腳步，享受一杯咖啡或是一本好書，讓時間成為你的盟友，而非敵人。

地點自由，則是能夠在任何你感到舒適與啟發靈感的地方生活與工作。這不僅僅是空間上的自由，更是心靈上的釋放，知道你不必困守於一方天地，世界之大皆可為家。或許今天你選擇在靜謐的鄉村小屋中創作，明天則移步至繁華都市的咖啡館與靈感相遇。地點自由賦予了生活無限的可能性，讓每一天都充滿新鮮感與探索的樂趣。

精神自由，是最為核心的部分，它關乎內心的平和與自我實現。這意味著你能夠追求自己真正的興趣與激情，不受他人眼光的束縛、不為社會常規所限制。精神自由讓人勇於表達真實的自我、敢於追求夢想。在這樣的狀態下，學習成為一種樂趣，創造成為生活的常態，而失敗不過是通往成功的另一條路徑。你的心靈如同廣闊的天空，既能承載烏雲又能綻放彩虹。

以上三個自由聽起來很美好，但又似乎有些遙不可及，我猜你已經在想，到底如何才能一步步實現？我們不妨按短期簡易版和長期豪華版來階段性實現。

短期簡易版

這裡定義的短期，是能在一年中就可以實現的生活節奏。首先，我們先來看看「時間自由的簡易版」要怎樣實現？

我在七年前就實現了簡易版的時間自由，因為我從彼時開始，就養成了每天五點早起的習慣。早上五點至六點，是我每天寫作的時間，我會雷打不動的寫完至少五百字後，再出門上班。六點左右坐上地鐵，舒舒服服的在座位上閱讀電子書。第一個到達公司後，辦公室裡靜悄悄，我又從抽屜裡拿出跳繩，開始我二十到三十分鐘的運動。只要養成早起的習慣，時間自由的簡易版，是不是就能輕易的實現？

那「地點自由的簡易版」呢？即使不能完全實現遠距工作，你也可以嘗試與主管溝通，爭取部分時間在家辦公的機會。當我還是一個職場人時，曾經有一段時間可以線上辦公，這段時間裡我充分體驗到地點自由帶給我的便利。

我遊走在上海不同的圖書館、咖啡館；午休的時候，為自己點一杯咖啡，一邊聽播客，一邊漫步在都市街頭；臨近傍晚，我還可以騎電動車，在兒子的學校門口等候，順帶實現接娃自由。

但要想駕馭地點自由也有一定前提條件：你需要高度自律，設定非常清晰的每日目標，否則工作進度落後同樣會讓你焦慮。精神自由的簡易版從祕密計畫開始。

我在之前的章節中曾經提到過祕密計畫，它是你在正常工作之外的計畫。可以是寫一本書、做一個自媒體創作者，又或者成為一個獨立攝影師。總之，也許它和你的主業沒什麼關聯，但一定要和你的長期目標有關係；祕密計畫可以增加你的自我複雜性，讓你即便在職場遭遇精神重擊，也能保持韌性，還可能會在時間的發酵下逐漸長大，為你實現真正的三個自由助力。

長期豪華版

很高興向你分享，我已經部分實現了長期豪華版的三個自由。我已經出版了十一本書，其中兩本還是十萬冊級別的暢銷書。如今每年的版稅收入已經足夠覆蓋我的日常支出。但為了實現這一目標，我暗暗篤行了祕密計畫長達七年。

時間上，我堅持每天五點起床，起床後完成至少五百字寫作的每日最低目標。由於不用再去公司，節省了原本長達兩三小時的通勤時間；此外，我還與不同的機構合作，開拓寫書之外的其他項目。

地點上，我也變得更自由。除了可以在上海不同的圖書館、咖啡館線上辦公，還可以在茶卡鹽湖、莫高窟、大柴旦翡翠湖等，任何你可以想像到的地方線上辦公。只要哪裡有網路，哪裡就是我的線上辦公室。

精神上，目前來看至少再也不用為老闆的情緒價值負責了。這也讓我不會在半夜兩點半準時醒來，脫髮情況也有了極大的改善，更不用因為忍受過多的負面能量而獨自按摩膻中穴，來紓解胸中的鬱氣。

我是透過寫作來逐漸實現長期豪華版的三個自由，你又該如何實現？

你可以借鑑一個原則和三個工具。一個原則是，你的祕密計畫必須符合三個條件：一次投入多次產出，線上就能完成，不會給你帶來大量精神干擾。一次投入多次產出是指這個專案的成果，應當能夠持續為你帶來收益，無須每次重複勞動。比如創作電子書、開設線上課程，或是創建一個能持續產生廣告收入的自媒體帳號。這些努力一旦完成，便能像「睡後收入」一樣，在未來的時間裡不斷回饋於你。

線上就能完成，意味著這個項目不會受限於地理位置，你可以隨時隨地工作，不受物理空間的約束。這樣無論你身處何地，都能遠端交付。

不會給你帶來大量精神干擾，則強調了專案本身應當是令你感到愉悅和滿足的，它應當促進你的個人成長和心靈平靜，而不應成為另一個壓力來源。只有選擇那些與你的興趣、激情相契合的事物，這樣即使在面臨挑戰時，也能夠樂在其中，保持積極向上的心態。三個工具分別是：三環合一法、先加法再減法、三七％試錯法則。

三環合一法的三個環，分別是指你在這件事情上有熱情、這個社會有需要以及你擅長的。當這三個環疊加在一起後，它們的交集就可以成為你主攻的計畫方向。如果你實在找不到三環合一，你也可以尋找你有熱情和社會需要這兩個環的交集。當你在有熱情的領域裡刻意練習，把它變成你擅長的只是時間問題。

對我來說，在二〇一五年的時候，我一週只能寫五百字，後來逐步進步到一週可以寫一千三百字。隨後每天五百字也不在話下，而如今每天不寫完三千字，我就會渾身不舒服。

先加法再減法，擇一寧靜的週末午後，確保有連續三小時的專注時光，不受任何干擾。在這段專屬時段裡，悉數羅列你熱衷且擅長的活動，諸如攝影、簡報製作、漫畫繪製等，力求列舉不少於三十項興趣。

隨後步入精簡環節，仔細審視清單，剔除那些你缺乏持久熱情的事項，直至僅餘五項核心愛好。此時，你需要深入考慮這五項中的哪一個或哪幾個，具備轉化為經濟來源的潛力。最終留存的一兩項，極有可能就是你的長期事業方向。

三七％試錯法則，人生如一場漫長的旅程，此法則能為我們提供探索與選擇的平衡點。在旅程前三七％的時間裡，我們應保持開放的心態，盡情探索各種可能性，審慎觀察並銘記那些最令你心動的選項。一旦跨越三七％的關鍵節點，遇見與理想匹配度相近的機緣時，便應果斷把握、不再躑躅。

以一名二十五歲步入職場、預計六十歲退休的大學生為例，在其三十五年的職業生涯旅程中，三七％的關鍵節點落在了工作的第十三年，也就是三十八歲左右。因此，若你還未滿三十八歲，大可放手嘗試，探尋自己真正的人生使命。而年逾三十八歲的朋友，也無須焦慮，回望從那些曾給予你深刻滿足感的經歷中選取一項，或許它未能達至理想化境界，也能為你提供一條接近完美的第二路徑。

不受力的思考

路雖遠，行則必至；事雖難，做則必成。

追求理想的步伐，不拘於形式、不役於物，它是你的一場內心覺醒、一場對生活主導權的溫柔奪回。時間、地點、精神自由，不僅是對生活方式的重構，更是對生命品質的深刻提升。

變化始於腳下微小而堅定的步伐，理想生活並非遙不可及的幻影，而是從今日起始，一步步精心勾勒而成。

你在實現目標以外的事情上花費的時間越多，你未來就越沒有時間去實現目標。用心審視、勇敢實踐，祝你早日掌握可控的生活節奏。

5 真希望，你也有不受力的人生

行書至尾聲，在即將與你話別之際，我殷切期望你不是一位匆匆瀏覽的觀光客，而是能將書中關於實現「不受力人生」的哲學、策略、系統框架及實用工具悉數吸納的人，讓它們成為你生命長河中不可或缺的一部分。

願在未來的日子裡，當生活與工作的重擔再度來襲時，你能憑藉這份內在的力量，敏銳洞察、從容應對，擁有既定之策與堅實的防禦之盾，更重要的是，你會越發感受到那份由內而外、不為外物所動的從容與堅定。

在此終篇，我願贈予你一份精煉的本書複習指南，它不僅是知識的匯總，更是行動的催化劑。當你感到迷惘或須重溫這些智慧時，請翻到這一頁。

十大內耗場景

場景一：別人的評價？根本沒必要

你的價值，不在於別人的評價，而在於你為這個世界帶來了什麼。

本質：第一層，來自對外部世界的需求，即對歸屬與認同的渴望；第二層，來自對內部世界的需求，即對自我價值與認同的確認。解決方案：

- 策略一：構建正向支援網絡。與頻率相同、產生靈魂共鳴的夥伴攜手前行。
- 策略二：事以密成，語以泄敗。避免別人品頭論足，悄悄進行祕密項目。
- 策略三：做長期主義者，修建自己的護城河。

場景二：比較，腦科學與心理學的碰撞

不在比較中沉淪，只在比較中成長。

腦科學：比贏了，伏隔核釋放多巴胺，帶來愉悅感和滿足感；比輸了，杏仁核活躍，大腦釋放壓力激素皮質醇，引發焦慮和不滿。

心理學：長期的上行比較會損害個體的心理健康，降低生活滿意度；適當的下行比較則能提升自尊和幸福感。擺脫比較焦慮的應對心法：

- 心法一：理解各有各的好，各有各的惱。
- 心法二：轉化，將比較焦慮轉化為成長燃料。

場景三：凡事加了一個太字，就不是什麼好事

最好的自己，不是在追求完美的疲憊中勝出，而是在我們能否溫柔的對待自己，勇敢的擁抱每一個不完美的瞬間，活出自己的精彩。三大原因：

- 原因一，高成就動機。
- 原因二，完美主義傾向。
- 原因三，缺乏安全感。

安心八步法：

- 第一步，尋找自我認知。
- 第二步，設定現實目標。
- 第三步，調整自我對話。
- 第四步，建立支援系統。
- 第五步，練習正念冥想。
- 第六步，逐步挑戰自我。
- 第七步，記錄你的進步。
- 第八步，接受不太完美。

場景四：心理反芻，對過去耿耿於懷

念念不忘，不必有迴響；每一次的放下，都是為了更好的拿起。本質：心理反芻。用三招讓你脫離困境：

- 第一招，心理解離。角色扮演，讓事實與感受分離，以仁慈對話。
- 第二招，動起來。從靜止到活動，進入綠地走走，進行較高強度的運動。

- 第三招，唸咒語：「改變可以改變的、接受無法改變的，如果你一時無法接受，又無法改變，那就暫時放一放。」

場景五：預期性焦慮，陷入情緒漩渦

勇氣不是沒有恐懼，而是面對恐懼時能夠堅定的邁出下一步。本質：預期性焦慮。走出預期性焦慮的兩個策略：

- 策略一：相信機率。嘗試以統計學的視角重新評估將要面對的事件。
- 策略二：放下對確定性的執念。告訴自己「盡人事，聽天命」、「對過程苛刻，對結果釋懷」。

場景六：從今天開始練習鈍感力

以平常心看世事，用鈍感力過生活。三個要素：

- 要素一：個人成長環境。

- 要素二：內心深處的不安全感。
- 要素三：過度自我反省的習慣。

三步修練你的鈍感力：

- 步驟一：認知調整與接納自我。接納自己目前的敏感特質，視之為成長歷程與環境影響的產物，而非個人的缺陷。
- 步驟二：練習正念與情緒管理。集中注意力於每一次呼吸，以一種非評判性的態度觀察自己的思緒流動，以此幫助自己擺脫過度揣測的思維陷阱，重新錨定於當下的現實。
- 步驟三：建立正向社交互動模式。直接而禮貌的開啟對話，主動搜尋並珍惜來自外界的每一份肯定，同時也慷慨的向周圍人撒播讚美與鼓舞。

場景七：遭遇不公，卻不敢說出口

不要畏懼陰影，因為它暗示著不遠處有光。三大原因：

- 原因一：自我懷疑。
- 原因二：恐懼。
- 原因三：缺少合適的表達策略。

科學應對不公平的三種策略：

- 第一個策略：自我反思和成就清單。
- 第二個策略：尋求支持與建立聯盟。
- 第三個策略：提升表達技巧（第一步，情緒管理；第二步，結構化表達；第三步，激發對方的善意）。

場景八：職場中被邊緣化，怎麼辦？

真正的力量不在於外界的認可，而源於內心的堅定與自我超越的勇氣。本質：被邊緣化的本質是一種情感上的疏離，這種疏離在潛意識中，逐漸削弱你的自我認同感和歸屬感，使你感到與周圍環境的聯繫變得脆弱甚至斷裂。向外求解，與人相關，兩件事：

- 第一件事，你可以選擇主動出擊，尋求與新主管建立直接的溝通管道。
- 第二件事，在大量新人入職之際，你可以積極的去和這些新面孔建立關係。

與事相關，五個行動：

- 持續學習與提升技能。
- 轉型與重新定位。
- 構建跨部門合作網絡。
- 主動擔當問題解決者。
- 塑造個人品牌。

向內求解：

- 策略一：提升你的自我複雜性。
- 策略二：降低期待。

場景九：PUA，他人對你的情緒操控

海明威：「生活總是讓我們遍體鱗傷，但到後來，那些受傷的部分一定會變成我們最強壯的地方。」三個展現：

- 總想讓你下班後也工作。
- 不斷貶低和打壓你。
- 不斷強調外部環境不好。

如何對抗職場PUA：

對內的修練，擁有「三感」：自我認同感、自我效能感、自我價值感。

對外的應對，踐行「三招」：有門檻的答應、增值回轉法、逃生艙原則。

場景十：育兒理念與長輩文化的戰爭

家，不是毫無風暴的所在，而是須學會在風暴中蹁躚起舞的港灣。本質：在「愛的詮釋」上存在差異，沒有得到妥善處理。與愛人結為同盟的六個步驟：

- 第一步，私下溝通。
- 第二步，共同呈現。
- 第三步，尊重與感激。
- 第四步，靈活變通，求同存異。
- 第五步，設立邊界，明確責任。
- 第六步，持續溝通與回饋。

三個場景方案：

- 場景一：你們住在長輩家裡，寄人籬下；解決方案：提高收入，搬出去住。

- 場景二：孩子較小，雙薪家庭沒人帶孩子；解決方案：提前規畫和分工。
- 場景三：由於種種原因，不得不與長輩相處；解決方案：第一，降低期待值；第二，避免當著長輩的面與伴侶對育兒方式發生爭執。

培養不受力的人生態度

第一種態度：不內耗

不內耗的強者思維：允許一切發生——他強任他強，清風拂山崗，他橫任他橫，明月照大江。

- 從第一境界到第二境界：你有你的計畫，世界另有計畫。
- 從第二境界到第三境界：所有的發生，都自有它的意義。
- 從第三境界到第四境界：通透思考，果敢行動。

第二種態度：不焦慮

三句話破除焦慮：

- 第一句話：我們絕大多數的焦慮，終歸只是虛驚一場。
- 第二句話：如果站在十年的尺度、宇宙的尺度，這件事情還重要嗎？
- 第三句話：一困惑，邁步外出；一具體，入微見著；一行動，創變自來。悲觀者，困於當下；樂觀者，贏得未來。

第三種態度：不討好

三個策略擺脫三類討好型人格——你值得被世界溫柔以待，但首先源於你對自己的溫柔與尊重。

- 針對認知型討好：摒棄「應該模式」，將應該替換為「如果我願意，我可以選擇……。」

- 針對習慣型討好：學會拒絕，運用拖延策略，隨著時間推移，對方自然明白你的立場。
- 針對逃避型討好：學會自我肯定，撰寫成功日記，讓自己的成就視覺化。

第四種態度：不執著

先求完成再求完美——馬克．吐溫：「取得領先的祕訣是先開始。」

- 針對過高期待：提高總體期待，降低具體期待。
- 針對糾結不放：針對無法挽回的事件，學會接受和放下，將焦點轉移到如何從中吸取教訓；對於有補救餘地的事件，執行「導航思維」，立即採取行動，制訂具體的行動計畫。
- 針對害怕犯錯：實踐「二進位思維」，重新定義成功與失敗的邊界，不再追求每個細節的無瑕，而是著眼於任務完成。

第五種態度：不干預

學會「課題分離」：

• 第一個關鍵：明確界限，認識自我課題。
• 第二個關鍵：有效溝通，表達而非命令。
• 第三個關鍵：做好心理建設，宣布和明確底線。
• 第四個關鍵：建立回饋機制。在這個喧囂的世界上，守好心中的寧靜，心靜人自安，穩居天地間。

第六種態度：不過度反應

遮罩力五步走——不是所有風暴都能將你淹沒，有時它們只是幫你洗淨鉛華，讓你更加耀眼。

• 第一步：自我覺察，意識到自己正處於情緒即將失控的邊緣。

- 第二步：情緒接納，接納和正常化自己的情緒，而不是抗拒或壓抑。
- 第三步：聚焦解決，不是陷入問題本身，而是找到解決問題的路徑。
- 第四步：重構解讀，對當前的情境進行重新評估和解讀。
- 第五步：採取行動，基於冷靜分析與情緒調整，果斷採取具體行動。

第七種態度：不抱怨

從「情緒黑洞」到「發光體」——不要抱怨生活，強者從不抱怨生活。

- 策略一：在認知上，選擇合理運用「轉念四象限」。
- 策略二：在行為上，透過管理社交座標系，刻意和發光體靠近。
- 策略三：在日常行動中，選擇每晚睡覺前寫感恩日記，成為發光體。

第八種態度：不爭辯

不與「三季人」論短長——戴爾．卡內基：「天下只有一種方法能得到辯論的最大勝利，那就是像避開毒蛇和地震一樣，盡量避免爭論。」

- 第一步，履行「刺激與回應之間存在一段距離，成長與幸福的關鍵就在那裡」，提醒自己先緩一緩，別讓情緒立刻反應。
- 第二步，做出選擇，並終止對話，或在對話需要繼續時，考量自己的目標、對話的潛在收益以及可能的代價。
- 第三步，重構溝通。為了維持關係和因為工作的職責所在，採用包容性和合作性的溝通方式。

五種工具，允許一切發生

工具一：自我探索日記

蘇格拉底：「未經審視的生活不值得過。」練習四步驟：

- 第一步：事件記錄。
- 第二步：情緒感知。
- 第三步：深入覺察。

- 第四步：行動規畫。

四個原則：定時寫作、誠實面對、保持開放性、反思與回顧。

工具二：正念冥想

曾國藩：「未來不迎，當下不雜，既過不戀。」六點踐行正念冥想：

- 設立固定時間。
- 找一個靜謐的空間。
- 採取舒適的姿勢。
- 聚焦於呼吸。
- 利用語音引導或活用應用程式。
- 持之以恆。

工具三：情緒ABCDE理論

情緒的舵手並非外部事件本身，而是內心的信念體系。踐行情緒ABCDE理論：

- A代表前因（Antecedent）。
- B代表信念（Belief）。
- C代表後果（Consequence）。
- D代表爭辯（Disputation）。
- E代表替換（Exchange）。

工具四：接受與承諾療法

真正的力量源於接受自己的脆弱，承諾自己的成長，活出每一次呼吸間的堅韌與美好。接受與承諾療法的六邊形模型，見左頁附圖。

工具五：運動

人生路遇低潮，與其沉溺於悲傷，不如以運動為伴，步步前行。三招，從知道到做到：

- 第一招：給自己選擇權。
- 第二招：從一分鐘運動開始。
- 第三招：踐行「三個固定」。

人生必備四大支撐系統

支柱一：利用四種快樂激素

短期，四種快樂激素，讓你實現生理性開源：

- 多巴胺，一種獎勵激素，能讓你產生欲望並

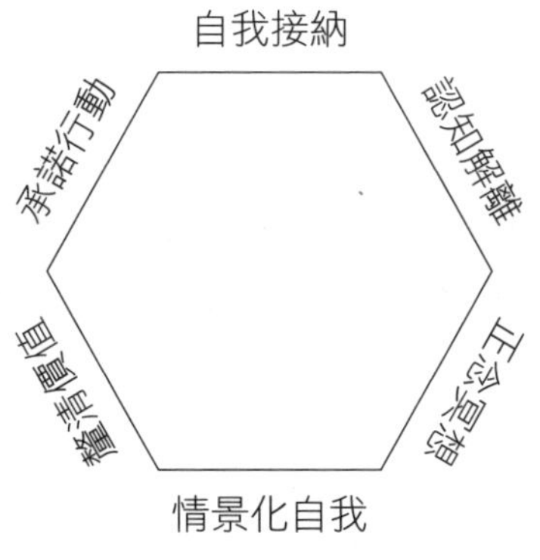

驅動你行動。

- 腦內啡，宛如自然界的嗎啡，擔當著卓越的內在鎮痛劑角色。
- 血清素，情緒調節的高手、心情的穩定器。
- 催產素，社交黏合劑，在人際互動的溫暖瞬間悄然釋放。

長期，漸進式勝利，令你跨期實現心理性開源：

- 將負面情緒煉化為推動前行的動力引擎。
- 你的情緒是屬於自己的曠野，而不是別人的賽馬場。

支柱二：讀讀心理學吧

真正的智慧不僅僅是知識的累積，更是在於理解、同情與行動的完美融合。從心理學開始，構建穩固而深遠的認知框架：

- 理解思維方式。

- 理解情感。
- 理解行為動機。

支柱三：建構足夠的經濟基礎

真正的財富不僅是金錢的累積，更是心智的成熟。三個行之有效的富有習慣：

- 第一個習慣：克制，包括節儉、儲蓄、分得清需求和欲望。
- 第二個習慣：提升認知，包括多讀書和多見人。
- 第三個習慣：審慎的投資。

支柱四：可控的生活節奏

路雖遠，行則必至；事雖難，做則必成。三個自由：時間自由、地點自由、精神自由。

短期簡易版：每天早起利用清晨時光；爭取在家辦公機會；踐行祕密項目。

長期豪華版：一個原則（祕密項目必須符合三個條件：一次投入多次產出、線上就能完成、不會給你帶來大量精神干擾）和三個工具（三環合一法、先加法再減法、三七％試錯法則）。

不受力的思考

好了，到這裡為止，我們的總複習也結束了。但人生不是一場考試，而是一場又一場持續的體驗。

希望你在這些體驗中腳步輕盈，眼中有光、心中有策略，運用這些策略，成為更好的自己。真希望，你也有不受力的人生！

印度詩人泰戈爾（Rabindranath Tagore）：「我相信你的愛。」用這句話作為我最後的話。

後記

這是我寫完的第十五本書，根據我完成五十本書的目標，目前的完成進度為三〇%。這是一本完成得特別酣暢淋漓的書，因為梳理「精神受力」這個話題本身對我自己來說，也是一種療癒。

在二十年的職場生涯中，我也曾親身經歷過內耗、焦慮、討好、執著、干預、過度反應、抱怨、爭辯等種種挑戰。正因為有過這些經歷，撰寫這些內容時，才能深切體會到其中的情感起伏，彷彿回到那些時刻感同身受。因此，寫作這本書的過程，就像是現在的我，一個四十歲的人，正在寫信給三十歲的自己，分享這些年來我在心理學研究、結構化思考以及生活經驗方面的收穫。

我希望以一種十年前的自己更容易接受的方式，將這些寶貴的營養傳遞給讀者。這本書不僅僅是我個人經驗的總結，更是一份禮物，希望能啟發更多人在面對類似挑戰時，找到前進的方向。

與此同時，我還想特別感謝我的十八位貴人。

第一位和第二位貴人，是機械工業出版社的李雙磊和侯春鵬老師。有一天晚上，我在滑手機的時候，看到了機械工業出版社的直播，於是我留下了私訊，沒想到，當天晚上李主任就立刻聯繫了我。侯老師也用最快的速度在內部走完了選題審批的全部流程。更讓我沒想到的是，兩位老師竟然大老遠從北京來到上海，我們在上海靜安寺附近的一家咖啡館，進行了酣暢淋漓的交流。

第三到第十五位貴人，分別是我的前主管們，他們是：張一平、邱正偉、萬久平、何少平、尹俊、秦詩慧、談震明、楊紅春、孫鵬、Winnie、張凱、Nancy、Chris。感恩你們曾與我的互動，這正是我寫作靈感的來源，讓我有機會深入思考，並從中汲取養分。感謝你們！

此外，我還必須感謝我的愛人——王怡女士，以及現在已經長大成為初中生的小夥子何昊倫。在撰寫這本書的日日夜夜裡，你們既是我的後盾，又是我的精神寄託。家庭的美滿治癒了我，讓我成為一個發光體，可以幫助更多有需要的夥伴。這份來自家庭的深沉的愛意與無價支持，讓我的心中充滿了無比的感激與幸福。

最後一位貴人，我想特別感謝此刻正在閱讀這些文字的你。每一次翻頁、每一次沉思，都是對我最大的鼓舞與肯定。你，作為這本書的最終接收者，同時也是我成長路上不可或缺的貴人。我衷心希望，透過這些文字，實踐這本書中的處世態度、場景策略、心理工具和支撐系統，希望你能夠真正擁有不受力的人生。願本書成為你心靈旅程中的良伴，引領你走向更加平和與自在的生活。

最後的最後，我想說，借助這本書的交流只是我們成就彼此的開始，因為人生所有的修練只為在更高的地方遇見你。如果你願意進一步探討不受力人生的策略，或僅僅希望分享你的故事與感悟，我誠摯邀請你透過微信（ID：haolun2010）與我建立更深的連結。

參考文獻

• 海芮葉．布瑞克《取悅症》（M）；姜文波，譯．北京：機械工業出版社，二〇一五年。
• 畢淑敏《女心理師》（M）；北京：人民文學出版社，二〇二一年。
• 張愛玲《紅玫瑰與白玫瑰》（M）；北京：北京十月文藝出版社，二〇一九年（繁體中文版：《紅玫瑰與白玫瑰》）。
• 亞倫．貝克、大衛．克拉克（David Clark）《這樣想不焦慮》（M）；鄭曉芳、宋夢姣，譯．北京：人民郵電出版社，二〇二三年（繁體中文版：《每個人都想學的焦慮課》）。
• 太宰治《人間失格》（M）；楊偉，譯．北京：作家出版社，二〇一五年（繁體中文版：《人間失格》）。
• 史蒂芬．蓋斯（Stephen Guise）《如何成為不完美主義者》（M）；南昌：江西人民出版社，二〇二一年（繁體中文版：《如何成為不完美主義者》）。
• 博多．薛弗（Bodo Schäfer）《小狗錢錢》（M），文燚，譯．北京：中信出版社，二〇二一年（繁體中文版：《小狗錢錢》）。
• 黃啟團《改變人生的談話》（M）．北京：中信出版社，二〇二一年。（繁體中文版：《別人怎麼對你，都因為你說的話》）。
• 何聖君《不強勢的勇氣》（M），北京：人民郵電出版社，二〇二三年。
• 渡邊淳一《鈍感力》（M），李迎躍，譯．青島：青島出版社，二〇一八年（繁體中文版：《鈍感力》）。
• 塔爾．班夏哈《幸福的方法》（M），汪冰，劉駿傑，等譯．北京：中信出版社，二〇二二年（繁體中文版：《更快樂》）。
• 熊太行《掌控關係》（M）．北京：中國友誼出版公司，二〇一九年。
• 安迪．帕帝康《十分鐘冥想》（M），王俊蘭，王彥又，譯．北京：機械工業出版社，二〇二〇年（繁體中文版：《Headspace 冥想正念手冊》）。
• 凱莉．麥高尼格《自控力》（M），王岑卉，譯．北京：北京聯合出版有限公司，二〇二一年（繁體中文版：《輕鬆駕馭意志力》）。
• 羅伯・狄保德《蛤蟆先生去看心理醫生》（M）；陳贏，譯．天津：天津人民出版社，二〇二〇年（繁體中文版：《蛤蟆先生去看心理師》）。
• 村上春樹《當我談跑步時我談些什麼》（M）；施小煒，譯．海口：南海出版公司，二〇一五年（繁體中文版：《關於跑步，我說的其實是……》）。
• 何聖君《行為上癮：拿得起，放得下的心理學祕密》（M）；北京：中國華僑出版社，二〇一九年（繁體中文版：《行為上癮》）。
• 何聖君《自律上癮》（M）；北京：中國科學技術出版社，二〇二四年（繁體中文版：《自律上癮》）。

Think 296

允許一切發生的人最好命

命好，只有一個祕訣：精神不受力，保持能量活下去。
破解十大內耗場景、運用不受力工具，平常心看世事，鈍感力過生活。

作　　者／何聖君
責任編輯／陳語曦
校對編輯／楊明玉
副 主 編／馬祥芬
副總編輯／顏惠君
總 編 輯／吳依瑋
發 行 人／徐仲秋
會計部｜主辦會計／許鳳雪、助理／李秀娟
版權部｜經理／郝麗珍、主任／劉宗德
行銷業務部｜業務經理／留婉茹、專員／馬絮盈、助理／連玉
　　　　　　行銷企劃／黃于晴、美術設計／林祐豐
行銷、業務與網路書店總監／林裕安
總 經 理／陳絜吾

國家圖書館出版品預行編目（CIP）資料

允許一切發生的人最好命：命好，只有一個祕訣：精神不受力，保持能量活下去。破解十大內耗場景、運用不受力工具，平常心看世事，鈍感力過生活。／何聖君著. – 初版. -- 臺北市：大是文化有限公司，2025.07
336面；14.8×21 公分. --（Think；296）
ISBN 978-626-7648-75-9（平裝）

1. CST：人生哲學　2. CST：自我實現

191.9　　114005920

出 版 者／大是文化有限公司
　　臺北市 100 衡陽路 7 號 8 樓
　　編輯部電話：（02）23757911
　　購書相關資訊請洽：（02）23757911　分機 122
　　24 小時讀者服務傳真：（02）23756999
　　讀者服務 E-mail：dscsms28@gmail.com
　　郵政劃撥帳號：19983366　戶名：大是文化有限公司

香港發行／豐達出版發行有限公司 Rich Publishing & Distribution Ltd
　　地址：香港柴灣永泰道 70 號柴灣工業城第 2 期 1805 室
　　　　Unit 1805, Ph.2, Chai Wan Ind City, 70 Wing Tai Rd, Chai Wan, Hong Kong
　　電話：21726513　傳真：21724355
　　E-mail：cary@subseasy.com.hk

封面設計／林雯瑛
內頁排版／家思排版工作室
印　　刷／緯峰印刷股份有限公司
出版日期／2025年7月初版
定　　價／新臺幣430元（缺頁或裝訂錯誤的書，請寄回更換）
I S B N／978-626-7648-75-9
電子書ISBN／9786267648742（PDF）
　　　　　　9786267648735（EPUB）